Wilhelm von. Zehender

Über geometrisch-optische Täuschung

Wilhelm von. Zehender

Über geometrisch-optische Täuschung

ISBN/EAN: 9783744681650

Hergestellt in Europa, USA, Kanada, Australien, Japan

Cover: Foto ©ninafisch / pixelio.de

Weitere Bücher finden Sie auf **www.hansebooks.com**

Sonder-Abdruck aus
„Zeitschrift für Psychologie und Physiologie der Sinnesorgane".
Bd. XX.
Verlag von Johann Ambrosius Barth in Leipzig.

Ueber geometrisch-optische Täuschung.

Von

W. von Zehender.

(Mit 14 Fig.)

Einleitung.

Es mag in doppelter Beziehung gewagt erscheinen auf die sogenannten optisch - geometrischen Täuschungen zurückzukommen; einestheils deswegen, weil diese Frage schon oftmals Gegenstand gründlicher Untersuchung von Seiten competentester Autoren gewesen ist, anderentheils deswegen, weil zu befürchten steht, die Geduld der Leser möge, durch die berechtigte Annahme, dafs etwas Neues nicht leicht vorgebracht werden kann, bereits erschöpft sein. — Dennoch möchten wir versuchen die Aufmerksamkeit derjenigen Leser, die sich für diese Frage besonders interessiren auf die „Physiologischen Untersuchungen im Gebiete der Optik" von A. W. Volkmann (1864) hinzulenken, die, unseres Wissens, zur Erklärung der hier in Rede stehenden Phänomene noch nicht verwerthet worden sind.

Volkmann hat bekanntlich durch zahlreiche, sehr genaue Messungen festgestellt, dafs in jedem einzelnen Auge die scheinbare Horizontal - Richtung nicht genau mit dem wahren Horizont übereinstimmt, und dafs, in entsprechender Weise, auch die scheinbare Vertical-Richtung von der wahren Verticalen abweicht. Wir sind der Meinung, dafs diese zweifellos festgestellte Thatsache dazu dienen könne, wenigstens einen Theil der sogenannten Täuschungen in befriedigender Weise zu erklären.

Indem wir diese Frage noch einmal in Angriff nehmen, finden wir uns den hochinteressanten Arbeiten von Lipps gegenüber in einem Gegensatz ganz eigener Art. — Wir wünschen, soweit irgend thunlich, auf unserem physiologisch-anatomischen

Standpunkte stehen zu bleiben, und LIPPS behauptet sich ebenso unentwegt auf seinem raumästhetisch-psychologischen Standpunkte.

LIPPS sucht die geometrisch-optischen Täuschungen „abzuleiten" von imaginären Kräften, die wohl geeignet sein könnten die Täuschung zu bewirken wenn sie realiter da wären; sie sind aber nur da in der Imagination, und können deshalb über den wirklichen Sachverhalt keine Auskunft geben. — Allerdings wurzeln diese imaginären Kräfte in den realen Kräften der Natur, und besonders in der, alles Körperliche durchdringenden, realen Kraft der Schwere. — Die Naturkräfte sind aber nicht frei für sich bestehende, unabhängig von einander wirkende Kräfte, die man „wirkend und gegenwirkend" anbringen kann wo und wie man will; sie stehen unter sich in unlösbarem Zusammenhange.

LIPPS beginnt seine Abhandlung über „Raumästhetik und geometrisch-optische Täuschungen" mit einem höchst charakteristischen Beispiel. Er sagt:

„Die Dorische Säule richtet sich auf". Wir müssen hierauf entgegnen: nein — die Säule richtet sich nicht auf aus eigener Kraft; sie wird aufgerichtet von Menschenhänden und bleibt — vermöge des Gesetzes der Schwere — so lange aufgerichtet stehen, bis ihre Gleichgewichtslage durch anderweitige Kräfte gestört und ihr Schwerpunkt über die Grenzen ihres Fußpunktes hinausgerückt wird. Alsdann fällt sie unfehlbar zu Boden, und bleibt bis auf Weiteres am Boden liegen. Durch ihre „eigentliche Thätigkeit" kann sie sich nicht wieder emporrichten; sie kann nicht „die Schwere überwinden"; eine „gegen die Schwere gerichtete Thätigkeit" besitzt sie nicht. Wohl aber kann die menschliche Phantasie, der Säule und jedem anderen leblosen Dinge, Leben und Lebenskraft einhauchen, ähnlich wie Minerva einst dem aus Thon und Wasser geformten Menschen des Prometheus Leben eingehaucht hat. — Beides existirt jedoch nur im Gedankenleben des Menschen; nicht in realer Wirklichkeit.

Nach LIPPS bewegen sich alle Linien und alle linearen Raumformen „aus eigener innerer Thätigkeit" und „durch Wirkung eigener innerer Kräfte"; sie nöthigen dadurch den Beschauer das zu sehen, was als Folge solcher Bewegung nothwendigerweise erscheinen müfste. Nach LIPPS haben wir es „durch Erfahrung dahin gebracht, dafs wir keine Linie sehen können, ohne in ihr eine Bewegung denken zu können".

Es wird nöthig sein daran zu erinnern, dafs hier fast ausschliefslich nur von Z e i c h n u n g e n (von geometrischen Figuren) die Rede ist; d. h. von verschieden geformten Linien in der Ebene eines Papiers, die — ganz nach Analogie unserer Buchstabenschrift — etwas Anderes bedeuten können als das was sie, physikalisch genommen, sind. — LIPPS überträgt aber die Gedanken-Bewegungen des Zeichners unmittelbar auf die Zeichnung selbst, und läfst sie durch die Zeichnung auf den Beschauer mittelbar dergestalt zurückwirken, dafs dieser, das was er sieht, anders sieht als es in Wirklichkeit ist, und zwar, nicht blos mit seiner Einbildungskraft, sondern mit seinen leiblichen physischen Augen. Der „krafterfüllte Raum" nimmt die Sinne des Beschauers vollständig gefangen. — Die Linien bleiben nicht mehr in der Ebene des Papiers; sie richten sich empor, sie strecken und recken sich, sie erweitern und verbreitern sich, sie ziehen sich ein und bauchen sich aus — kurz sie leben und regen und bewegen sich aus eigener Kraft nach a l l e n D i m e n s i o n e n d e s R a u m e s !

Eine Zeichnung in der Ebene des Papiers, die a u s d e r E b e n e d e s P a p i e r s h e r a u s t r i t t, ist dadurch allein schon eine grofsartige Täuschung! Wir haben uns aber an diese (perspektivische) Täuschung so vollständig gewöhnt, dafs wir sie gar nicht mehr als solche gelten lassen. Auch die täuschende Wirkung einer Brille, oder eines Spiegels, oder eines Fernrohres oder eines Mikroskopes lassen wir kaum noch als Täuschung gelten, weil wir die Gesetze kennen, nach denen sich die Täuschung vollzieht; damit zugleich verschwindet der täuschende Zauber; die Täuschung wird nun nicht mehr Täuschung genannt; sie ist klar verstandene optische Nothwendigkeit geworden.

Der Zeichner b e a b s i c h t i g t a b e r z u t ä u s c h e n; er will seine künstlerischen Ideen v e r s i n n l i c h e n; er will die erfahrungsmäfsig gewonnene Fähigkeit „in jeder Linie eine Bewegung denken zu können" benutzen um den Gedanken der Bewegung da zu erregen, wo kein Gedanke von Bewegung ist. Und der beschauende Kunstfreund — weit entfernt nach den Ursachen der Täuschung zu fragen — wünscht seinerseits nichts

sehnlieher als dureh die Werke der Kunst reeht gründlich getäuscht zu werden. Gerade darin findet er seinen höchsten
Genufs, seine gröfste Befriedigung.

Dieser künstlerisehe Standpunkt — wer möchte das wohl
bestreiten! — ist voll und ganz bereehtigt; er verdient und ge-
niefst mit vollstem Reehte die allseitigste und weitverbreitetste
Anerkennung — es ist aber nieht u n s e r S t a n d p u n k t!

Wir, die wir an exaete Messung gewöhnt sind, stehen
auf dem Boden täusehungsfremder Natur‑Wirkliehkeit; wir
wünsehen nieht uns täusehen zu lassen; wir wünsehen im
Gegentheil den prosaisehen Ursaehen täusehender Erseheinungen
naehzuspüren, soweit es dem menschliehen Erkennen erlaubt
ist; wir möehten gerne sehr genau wissen wie das Leben und
„das Geschehen" im Inneren unseres Auges sieh vollzieht;
ganz besonders dann, wenn von Täusehungen die Rede ist.

Das mensehliehe Auge ist oft, und mit vollem Reeht, mit
einem photographisehen Apparat verglichen worden. Ohne
Zweifel hat die empfindliehe Platte des Photographen grofse
Aehnliehkeit mit der Netzhaut des Auges, wenn aueh die
ehemisehen Vorgänge versehiedener Art sind. An und für
sieh betraehtet kann Aehnliehes in jedem ehemisehen oder
physikalisehen Laboratorium ausgeführt werden. — Physikalisch versehieden sind beide Vorgänge besonders dadureh,
dafs die Netzhaut für neue Bilder jederzeit empfänglieh bleibt,
wobei die alten Bilder von ihrer Fläche zwar versehwinden,
aber in der Vorstellung und im Gedäehtnifs unbesehränkt lange
Zeit festgehalten und aufbewahrt werden können. — Der höhere
Untersehied besteht aber darin, dafs das Auge mit sammt seiner
Netzhaut im Dienste der „Psyehe" steht. Das Netzhautbildehen
ist nieht ebenso wie die Photographie, ein stabil gewordenes
Werk des Sonnenliehtes. Mit dem Netzhautbildehen hat der
Vorgang im lebendigen Auge seinen Absehlufs noeh nieht erreieht; hier kommt noch ein „E t w a s" hinzu, welehes von
diesem Bildehen N o t i z n i m m t, und aus dem Bildchen die
Besehaffenheit der Dinge der Aufsenwelt zu erforsehen sieh bemüht. Nicht dieses Bildehen selbst, sondern jenes „E t w a s"
bringt der Seele Naehrieht über das, was in der Aufsenwelt vor-
geht und erklärt ihr die Bedeutung der Veränderungen, welehe
dureh Einwirkung der Dinge der Aufsenwelt im Auge entstanden
sind. — Ist dieses „Etwas" — welches wir Vernunft nennen —

selbst noch nicht genügend unterrichtet, oder ist es nicht aufmerksam genug um die Netzhauteindrücke richtig zu verstehen,
dann ist allerdings eine Täuschung der Seele, — als Folge falsch
verstandener Sinneseindrücke — leicht möglich; nicht möglich ist
aber, dafs unsere Sinne die empfangenen Eindrücke unrichtig
empfangen oder unrichtig wiedergeben, denn ihre Wechsel-
wirkung mit den auf sie einwirkenden Kräften der Aufsenwelt
ist durch die unwandelbaren Gesetze der Natur ein für allemal
festgelegt!

In diesem Sinne glauben wir sagen zu dürfen: „u n s e r e
S i n n e s o r g a n e   t ä u s c h e n   u n s   n i c h t". — Das was uns
täuscht ist Mifsverständnifs oder Unkenntnifs der Bedeutung
unserer Sinneseindrücke. Nur die „psychische Energie" ist
dem Irrthum unterworfen; sie darf deshalb auch nicht aus
eigener Initiative sich zur Lehrmeisterin der Natur aufwerfen;
sie mufs sich immer als lernbegierige Schülerin empfangener
Sinneseindrücke bezeigen.

In diesem Sinne wünschen wir der Frage näher zu treten,
ohne uns dem von LIPPS eingenommenen Standpunkt anschliefsen zu können, aber auch ohne seiner Auffassungsweise
uns entgegenstellen zu wollen.

Um den Umfang unserer Arbeit nicht über die erlaubten
Grenzen zu erweitern haben wir auf Berücksichtigung der
reichhaltigen Literatur fast gänzlich verzichtet. Vielleicht läfst
sich diese Lücke durch eine spätere nachträgliche Bearbeitung
einigermaafsen ausgleichen. Für heute müssen wir uns darauf
beschränken nur die Namen einiger derjenigen Autoren (nebst
Angabe der Jahreszahl) zu nennen, die sich besonders eingehend
mit der hier zu besprechenden Frage beschäftigt haben.

Unseres Wissens ist J. OPPEL in Frankfurt a. M. derjenige
gewesen, der die ersten Beobachtungen (1854/55) veröffentlicht
und überhaupt die Frage der geometrisch-optischen Täuschungen
in Flufs gebracht hat. Ihm folgten: F. ZÖLLNER (1860),
EWALD HERING und KUNDT (1861), F. C. MÜLLER-LYER (1889),
Th. LIPPS (1891,98), F. AUERBACH (1894), THIERRY (1895),
ERNST BURMESTER (1896), G. HEYMANS, W. EINTHOVEN und
HUGO MÜNSTERBERG (1897), W. FILEHNE, W. WUNDT und
ST. WITASEK (1898) und einige Andere, deren Schriften nicht in
unsere Hände gelangt sind.

Die nouiusartige Verschiebung.

Die vorerwähnten A. W. VOLKMANN'schen Untersuchungen haben gezeigt, dafs die Sinnesempfindung des Horizontalen und des Verticalen in jedem einzelnen menschlichen Auge nicht genau mit der Wirklichkeit übereinstimmt, oder mit anderen Worten: dafs der sogen. verticale Meridian jedes einzelnen Auges nicht genau vertical steht.

VOLKMANN's Versuche wurden in folgender Weise ausgeführt:

Zwei Zeiger, deren jeder auf einer, mit genauer Kreistheilung versehenen Scheibe drehbar angebracht war, wurden in geeigneter Weise vor dem Beobachter aufgestellt. Der eine Zeiger — „der constante Diameter" — wurde beliebig eingestellt; von dem Beobachter wurde verlangt, er solle den anderen Zeiger — „den mobilen Diameter" — möglichst genau in parallele Richtung zum constanten Durchmesser bringen. Der Abweichungsfehler wurde „Kreuzungswinkel" genannt und konnte bis auf Zehntheile eines Grades an den Kreistheilungen abgelesen werden. [1]

Das allgemeine Ergebnifs dieser mühsamen und zeitraubenden Untersuchungen lautet:

„Die Diameter, welche parallel erscheinen, divergiren ohne Ausnahme nach oben."

Auf tabellarische Wiedergabe einiger Zahlenbefunde werden wir bei späterer Gelegenheit zurückkommen; hier mag es genügen zu bemerken, dafs der Kreuzungswinkel bei verticaler Stellung des „constanten Diameter" im Mittel von 60 Beobachtungen = 2,15 ⁰ gefunden wurde. Bei schräger Einstellung fand sich der Kreuzungswinkel immer kleiner werdend, bis er, bei 90 ⁰ einen niedrigsten Werth (= 0,43 ⁰) erreichte, um dann in annähernd gleichem Verhältnisse wieder zu steigen, bis er, bei 180 ⁰ angelangt, zu derselben Kreuzwinkelstellung zurückkehrte, die er bei lothrechter Stellung des constanten Diameter (bei 0 ⁰) anfänglich inne hatte.

---

[1] Eine genauere Beschreibung des Verfahrens und des dazu benutzten Instrumentes, nach VOLKMANN's eigenen Worten, folgt im letzten Abschnitt (Nachträgliches).

Gestützt auf diese werthvollen Untersuchungen wollen wir versuchen, die von Poggendorff zuerst bemerkte und wohl auch von ihm zuerst so benannte „noniusartige Verschiebung" und einige verwandte Täuschungserscheinungen, einer genaueren Prüfung zu unterziehen.

Die oft reproducirte Täuschungsfigur der noniusartigen Verschiebung (Fig. 1), die wir als elementares Theilstück der Zöllner'schen und aller ähnlichen Täuschungsfiguren betrachten, setzen wir zwar als bekannt voraus, müssen sie hier jedoch, zur Vergleichung mit anderen Figuren, noch einmal reproduciren.

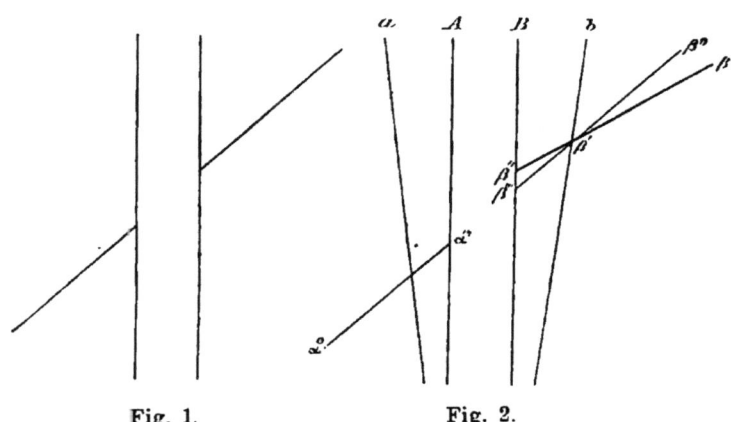

Fig. 1.   Fig. 2.

In Worten ausgedrückt läfst sich die Poggendorff'sche Täuschung folgenderweise formuliren:

Wenn eine schräg verlaufende gerade Linie durch eine, von vertical stehenden, parallelen Grenzlinien begrenzte Figur in ihrem Verlauf unterbrochen wird, dann trifft der höher liegende Theil dieser schrägen Linie die ihm zunächst liegende Parallellinie an einem höheren Punkt, als es die geradlinige Verlängerung des anderen Theils der schrägen Linie zu fordern scheint. — Wodurch entsteht diese täuschende Verschiebung?

Darüber soll die Figur 2 nähere Aufklärung geben.

Die beiden Linien *A* und *B* in vorstehender Figur 2 seien die wirklichen Parallellinien, durch deren Zwischenraum die Continuität des Schrägstriches ($\alpha^0 \beta^0$) unterbrochen wird. Nach den Ergebnissen der Volkmann'schen Versuche erscheinen diese beiden Parallellinien nach oben schwach divergent. Die Divergenz soll — deutlichkeitshalber in starker Uebertreibung — dar-

gestellt sein durch die Linien a und b, welche mithin zeigen
sollen, wie verticale Parallellinien erscheinen, wenn sie nicht
von Stelle zu Stelle auf die stetige Gleichheit ihrer Entfernung
von einander geprüft, sondern im Gesammtüberblick betrachtet
werden.

Eine von α^0 in gerader Richtung fortgeführte Linie treffe
die Linie A in α^{III} und treffe, mit Ueberspringung des Zwischenraumes, die jenseitige Parallellinie (B) in β^{III}, und endlich b
in β^{I}. — Der spitze Durchschneidungswinkel ($B\,\beta^{III}\,\beta^0$) ist offenbar der richtige Durchschneidungswinkel. Wir haben keine Ver-
anlassung, ihn für größer oder kleiner zu halten, als er in Wirklichkeit ist. Die Linie b ist aber, wie wir (in starker Uebertreibung) annehmen, die scheinbare Grenzlinie des Zwischenraumes der beiden Parallelen (A und B). An dieser scheinbaren
Grenzlinie (b) glauben wir die Fortsetzung der von α^0 ausgehenden geraden Linien zu sehen; hier müssen wir also den richtigen Durchschneidungswinkel ansetzen, um die vermeintlich gerade
Fortsetzung der von α^0 ausgehenden Linie zu finden. Es sei also
der Winkel $b\,\beta^I\,\beta = B\,\beta^{III}\beta^0$. Demnach wäre $\beta^I\beta$ die, in Folge der
Divergenz, scheinbar veränderte Richtung der geradlinigen
Fortsetzung von $\alpha^0\,\beta^I$. Diese Richtung, rückwärts verlängert,
trifft die wirklich verticale B in β^{II}, und für die wirklichen
Parallellinien A und B haben wir, als Verlängerung von $\alpha^0\alpha^{III}$,
nun die Linie $\beta^{II}\beta$. Der Punkt β^{II} liegt aber höher als β^{III} und
die Richtung $\beta^{II}\beta$ liegt nicht in gradliniger Fortsetzung von
$\alpha^0\alpha^{III}$. Die hier gefundene Construction ergiebt also gerade das,
was wir an der Täuschungsfigur irrthümlich zu sehen vermeinen:
beide einander zugewendeten Endstücke der durch den leeren
Zwischenraum unterbrochenen geraden Linie bilden einen
treppenartigen Absatz oder eine „noniusartige Verschiebung".

Da der Divergenzwinkel der beiden scheinbar parallelen
(pseudoparallelen) Verticallinien (den wir 2 ε nennen wollen) immer
sehr klein ist, so kann man — der Vereinfachung wegen — diesen
Winkel ganz auf die eine Seite der Figur (z. B. nach rechts hin)
verlegen, und auf der anderen Seite die Parallele in ihrer
richtigen Stellung ($\varepsilon = 0$) belassen; ja, man wird es so machen
müssen, wenn man in der Zeichnung nicht allzusehr übertreiben, und doch die Abweichung vom Parallelismus deutlich
zur Anschauung bringen will. — In dem hier vorausgesetzten

Falle fällt *a* mit *A* zusammen; man hat sich also in Figur 2 nur die Linie *a* (als congruent mit *A*) aus der Zeichnung wegzudenken um ein einfachstes Bild der Construction einer noniusartigen Verschiebung zu erhalten. Diese Vereinfachung ist um so eher zulässig, weil man — bei der Kleinheit des Winkels ε — die nach links divergirende Linie (*a*) durch eine kaum bemerkbare Drehung der Zeichnung ohnehin schon in verticale Richtung bringen kann.

In jedem anderen Falle aber hätten wir — um der Vollständigkeit zu genügen — die veränderte Richtung der Durchschneidungslinie auf b e i d e n Seiten zu berücksichtigen.

Daraus resultirt die etwas complicirtere Figur 3, zu deren Erläuterung kaum noch weitere Worte erforderlich sind.

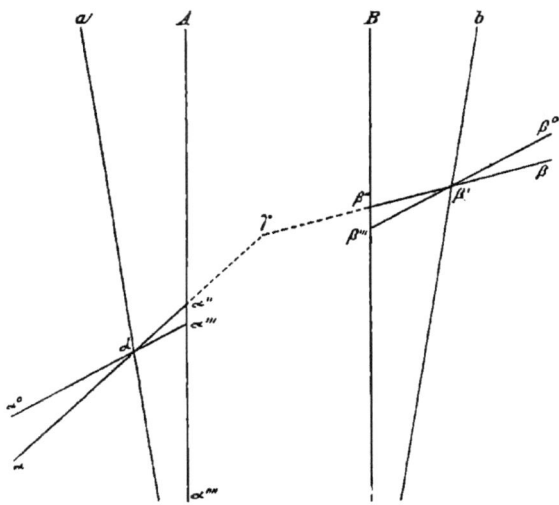

Fig. 3.

Man ersieht leicht aus dieser Figur, dafs der Durchschneidungswinkel auf der höher liegenden Eintrittsstelle g r ö f s e r und auf der tieferliegenden k l e i n e r wird, als er in Wirklichkeit sein würde ($\alpha^{\mathrm{I}}\alpha^{\mathrm{II}}\alpha^{\mathrm{IV}} < \alpha^{\mathrm{I}}\alpha^{\mathrm{III}}\alpha^{\mathrm{IV}}$). — Näher betrachtet ist — wenn die Figur ganz symmetrisch steht — der nach unten sich öffnende spitze Winkel ($\alpha^0\,\alpha^{\mathrm{III}}\,\alpha^{\mathrm{IV}}$) genau um ebenso viel (nämlich um den Winkel ε) kleiner, als der nach oben sich öffnende Winkel ($B\,\beta^{\mathrm{III}}\,\beta^0 = \alpha^0\,\alpha^{\mathrm{III}}\,\alpha^{\mathrm{IV}}$) scheinbar gröfser wird, als er sein sollte.

Die Summe dieser beiden Differenzen ist gerade ebenso
grofs wie der, durch Verlängerung der beiden Linien (*u* und *b*)
entstehende spitze Winkel (den wir 2 ε genannt haben). Beide
Hälften der schrägen Linie durchkreuzen sich scheinbar in dem
leeren Zwischenraum und bilden in ihrem Durchkreuzungs-
punkt (γ) den Scheitelpunkt eines nach unten offenen stumpfen
Winkels von 180° weniger dem durch Verlängerung der beiden
Linien *a* und *b* entstehenden spitzen Winkel (2 ε), welcher in unserer
Figur deutlichkeitshalber viel zu grofs gezeichnet ist.

Je nachdem wir in unserer Vorstellung die Gröfse der spitzen
Winkel zwischen den Linien *A* und *a* einerseits und zwischen
B und *b* andererseits — bewufst oder unbewufst — zu- oder abnehmen lassen, wird auch die Täuschung gröfser oder geringer;
sie wird auf Null reducirt, sobald jener spitze Winkel selbst
gleich Null, oder — anders ausgedrückt — sobald der wahre
Parallelismus der beiden Linien *A* und *B* in unserer Vorstellung
vollkommen hergestellt ist.

Die Täuschung erscheint in dem hier gezeichneten Falle
offenbar etwas abgeschwächt; sie kann aber nicht ganz verschwinden, denn die verlängerte Linie *βγ* wird die Linie *A*
immer an einem höher als *a*^{III} gelegenen Punkt treffen, so lange
der Winkel *αγβ* noch kleiner ist als 180°; ebenso lange wird
aber immer auch eine, wenn auch nur geringe treppenförmige
Abstufung bemerkbar bleiben.

Dies sind indessen theoretische Betrachtungen, bei denen
wir nicht länger verweilen wollen.[1]

Die Frage nach einer **anatomischen Begründung** der
scheinbaren Divergenz paralleler Linien lassen wir unberührt. Das
ist eine Frage deren Beantwortung von den Netzhaut-Anatomen
noch erwartet werden mufs. Nur soviel möge hier darüber bemerkt
sein, dafs, wenn man den Punkt des schärfsten Sehens in der Netzhaut, als den **einen** Pol ihrer kugelförmigen Gestalt betrachtet,
der andere, diesem entgegengesetzte Pol dann in derjenigen Linie
liegen mufs, welche jenen ersten Pol mit dem fixirten Punkt in der
Aufsenwelt verbindet (Gesichtslinie). Jede gerade Parallellinie

---

[1] Zur Erklärung der Fig. 3. — Die Linien *AB* und *ab* haben dieselbe
Bedeutung wie in Fig. 2. — Die **wahre** Durchkreuzungslinie ist durch die
Linien-Abschnitte *α⁰ αIII* und *βIII β⁰* angedeutet; ihre **scheinbare Lage**
zeigen die Linien-Abschnitte *α αII* und *β βII* und deren bis γ fortgeführte
punktirte Verlängerungen.

aber, die den fixirten Punkt irgendwie durchschneidet, mufs in der Netzhaut ein Bild entwerfen, welches in einen gröfsten Kreis der kugelförmigen Netzhautkrümmung fällt. Da aber alle gröfsten Kreise, in ihrem Verlauf vom Pol bis zum Aequator, divergiren, so liegt es nahe, die subjectiv-scheinbare Divergenz paralleler Linien hiermit in Zusammenhang zu bringen. — Es fehlt indessen noch viel an einer vollbefriedigenden Uebereinstimmung, es fehlt im Besonderen die genaue Kenntnifs der verschiedenen Gröfse der Empfindungskreise der Netzhaut und ihrer topographischen Vertheilung in nächster Umgebung der fovea centralis. Dagegen würde die querovale Form der macula lutea, deren Durchmesserverhältnifs von den Autoren wie 4 zu 3 angegeben wird und „die ihr ähnliche Gestalt" der fovea centralis, der Hypothese einer anatomischen Grundlage wenigstens nicht im Wege stehen.

Die noniusartige Verschiebung bei veränderter Blickrichtung.

Bevor wir weitergehen, müssen wir darauf hinweisen, dafs zwei verschiedene Arten des Sehens zu unterscheiden sind, je nach der Verschiedenheit, mit der unsere Vernunft sich der Sinnesorgane bedient. — Gewöhnlich blicken wir umher, ohne die Aufmerksamkeit auf irgend einen bestimmten Gegenstand zu richten. Zu anderer Zeit concentriren wir alle Aufmerksamkeit[1] auf einen einzigen ganz bestimmten Punkt. — Ersteres wollen wir das periskopische, letzteres das episkopische Sehen nennen.

Beim periskopischen Sehen betrachten wir in der Regel nur vorübergehend, und abwechselnd bald diesen, bald jenen Gegenstand.

Die leichte Beweglichkeit unserer Augen und unseres Kopfes, verbunden mit der Fähigkeit, das Bild eines momentan gesehenen Gegenstandes noch eine Zeitlang lebendig im Gedächtnisse festhalten zu können, bestärkt uns in der Meinung, dafs wir Alles, was vor uns liegt, gleichzeitig und mit gleicher Deutlichkeit, wie ein einziges grofses, vor unserem Blickfelde ausgebreitetes Gemälde, sehen.

---

[1] Aufmerksamkeit ist eine Function der Vernunft.

Beim episkopischen Sehen dagegen, wobei alle Aufmerksamkeit nur auf einen Punkt gerichtet ist, entziehen wir unsere Aufmerksamkeit den mehr peripherisch gelegenen Gegenständen. Je kleiner der Gegenstand, den wir episkopisch betrachten, und je gespannter alle Aufmerksamkeit nur auf diesen einen kleinen Gegenstand gerichtet ist, umsoweniger werden wir entfernter Liegendes bemerken, umsomehr verschwimmt das Areal des peripherisch noch Bemerkbaren oder Erkennbaren. Versucht man z. B. in einem beliebigen Buche einen einzelnen Buchstaben fest zu fixiren, während rechts und links die anderen Buchstaben mit weifsem Papier bedeckt sind, und versucht man nun — ohne das Auge im Mindesten zu bewegen — einen der nebenstehenden und freigelegten Buchstaben nach dem anderen zu erkennen, dann wird vielleicht Mancher, der diesen kleinen Versuch noch nie gemacht hat, erstaunt sein zu bemerken, dafs er kaum im Stande ist, den dritten oder vierten Nebenbuchstaben mit voller Sicherheit zu erkennen, während man doch, bei jener anderen Art des Sehens, ganze Worte, ja, ganze Zeilen sozusagen mit einem Blick übersehen und lesen kann.

Wir können aber auch beide Gesichtslinien auf einen bestimmten Punkt richten, und dennoch unsere Aufmerksamkeit nicht diesem Punkte, sondern seiner Umgebung, soweit sie bei unveränderter Blickrichtung noch erkennbar ist, zuwenden. Diese besondere, gemischte Art des periskopischen und episkopischen Sehens, die oft auch ohne besondere Intention (unbewufst) erfolgt, ist diejenige Art des Sehens, bei welcher optische Täuschungen am leichtesten vorkommen. — Nicht das Auge, sondern die Aufmerksamkeit ist es, welche in diesem Falle umherspäht!

In Bezug auf die scheinbar nach oben divergirenden Parallellinien haben wir noch zu bemerken, dafs diese Schein-Parallelen sich mit unseren vertical verlaufenden Blickbewegungen scheinbar mit bewegen und immer in dem z. Zt. fixirten Punkt mit den wahren Parallelen congruiren. Bei anfänglich fester Fixation des unteren oder des oberen Endpunktes der Parallellinien und bei raschem Blickwechsel, glaubt man zuweilen eine Bewegung der Parallellinien wahrnehmen zu können: man glaubt sehen zu können, wie die scheinbare Divergenz in den richtigen Parallelstand beider Linien sich wieder zurückbewegt.

Nach dieser kleinen Abschweifung kehren wir zur POGGEN-
DORFF'schen Täuschungsfigur zurück, und bemerken zuvor nur
noch, dafs alles p e r i s k o p i s c h e Sehen eigentlich doch nur aus
unzähligen kurzen Zeitmomenten eines mehr oder weniger aufmerksamen e p i s k o p i s c h e n Sehens zusammengesetzt ist. Bei
jedem episkopisch betrachteten Punkt ist von einer Divergenz
paralleler Linien nichts zu bemerken; die wahren und die falschen
Parallelen fallen zusammen.   Da aber jeder p e r i s k o p i s c h
betrachtete Punkt, in jedem kleinsten Zeitmoment, sogleich
wieder in einen e p i s k o p i s c h e n verwandelt werden kann, und
in einen solchen fast unwillkürlich verwandelt wird sobald unsere
Aufmerksamkeit sich auf denselben hinrichtet, so kann dadurch
der Eindruck des periskopischen Sehens sehr leicht wieder verwischt werden.

Wenn wir nun einen einzelnen Moment episkopischer Betrachtungsweise besser und anschaulicher darstellen wollen, dann
müssen wir unsere frühere Figur in nachstehender Weise modi-
ficiren.

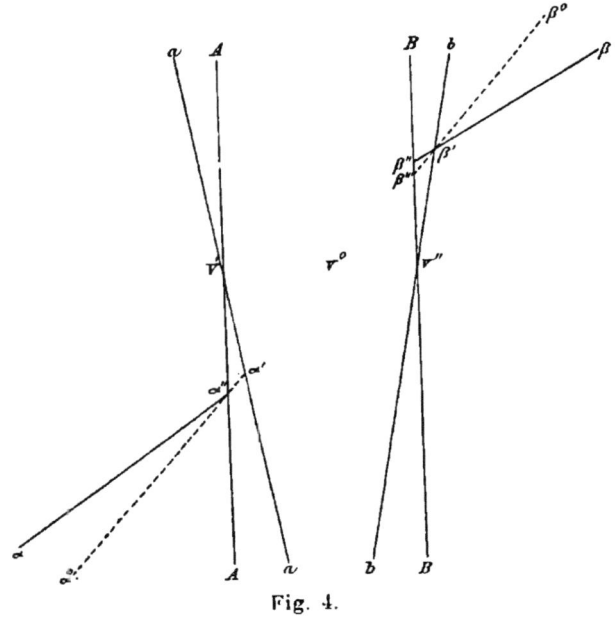

Fig. 4.

Die Buchstaben $v^{I} v^{0} v^{II}$ sollen den Durchschnitt einer, zunächst noch unverändert festgehaltenen, V i s i r - E b e n e bedeuten.

Im Uebrigen ist die Buchstabenbezeichnung den vorhergehenden Figuren analog.

Bemerkenswerth, im Vergleich mit Figur 3, ist, dafs hier der tiefer liegende Durchschneidungswinkel ($\alpha\,\alpha^{II}\,A$) nicht kleiner, sondern g r ö f s e r erscheint als er ist, wodurch die täuschende Wirkung nun nicht geschwächt, sondern im Gegentheil bedeutend verstärkt hervortritt.

Erheben wir unsere Visir-Ebene oder senken wir sie, dann würde, bei unveränderter Gröfse des Divergenzwinkels, (2 ϵ) die Durchschnittslinie $v^{1}\,v^{0}\,v^{II}$ sich miterheben oder mitsenken, und die ganze Figur würde dementsprechend sich so verändern, dafs, wenn z. B. v^{II} bis β^{II} hinaufrückt, der Abstand α^{II} und α^{1} sich entsprechend vergröfsert, weil die ganze Durchschnittslinie, mithin auch v^{1}, sich zu gleicher Höhe (β^{II}) miterhebt. Die Täuschungs-figur wird dadurch zwar verändert, in ihrer Wirkung aber keineswegs geschwächt.

In der Visir-Ebene $v^{1}v^{0}v^{II}$ können wir ferner auch jeden beliebigen Punkt zur episkopischen Betrachtungsweise wählen. — Bei jeder Veränderung des Blickpunktes wird die Täuschungs-f i g u r verändert; die Täuschung selbst bleibt im Wesentlichen unverändert. Wählen wir den Mittelpunkt v^{0} als Blickpunkt, dann sind die Täuschungsbedingungen gleichmäfsig und symmetrisch auf beide Seiten vertheilt; wählen wir den Punkt v^{1}, dann kommen wir damit auf unsere früher für zulässig erklärte Vereinfachung zurück; es wird dann die zu v^{1} gehörige linke Seite der Figur correct (vertical) erscheinen: die beiden sich kreuzenden Linien A und a werden in eine einzige verticale Linie zusammenfallen. Die Täuschungsmomente liegen nun sämmtlich auf der anderen Seite und treten hier in doppelter Stärke auf.

Das kleine Dreieck $\beta^{I}\,\beta^{II}\,\beta^{III}$ ist gleichsam der Regulator der ganzen Täuschung. Mit seiner Gröfsenveränderung verändert sich proportional auch die Stärke der Täuschung; mit seinem Verschwinden verschwindet die Täuschung. — So lange die Blickrichtung sich in ein und demselben verticalen Meridian bewegt, verändert das kleine Dreieck nur seine Gröfse, nicht seine Form: die drei Winkel bleiben nahezu unverändert; nur die Längen der drei Seiten verändern sich gleichzeitig und in gleichem Verhältnifs. Bewegt sich die Blickrichtung nach links oder nach rechts in eine andere Meridianlage, dann wird der nach oben offene Winkel ($\beta^{II}\,\beta^{III}\,\beta^{I}$), des kleinen Dreiecks sich entsprechend verkleinern und auf der anderen Seite vergröfsern; so jedoch, dafs die Summe beider Winkelveränderungen immer gleich grofs bleibt.

Die Dreieckseite $\beta^{II}\beta^{III}$ giebt für jeden Zeitmoment episkopischer Betrachtung das Maafs der jedesmaligen scheinbaren Ablenkung, mithin auch das Maafs für die Stärke der Täuschung.

Lassen wir unseren Blick auf der rechten Seite, von v^{II} allmählich höher hinauf bis β^{III} wandern, dann verkleinert sich das imaginäre Dreieck mehr und mehr, um zuletzt in einen einzigen Punkt zu verschmelzen. Hier ist dann Alles in bester täuschungslosester Ordnung. Blicken wir aber von hier aus wieder zurück auf den tieferliegenden Punkt der anderen Seite (das müssen wir ja thun, wenn überhaupt von einer Vergleichung der Lage zweier Punkte die Rede sein soll) dann findet sich hier wieder die täuschende Verschiebung, und ähnlich verhält es sich mit allen anderen nachbarlichen Punkten, auf welche der Blick jeweilig hinzielt.

Wenn nun, in Folge der pseudoparallelen Ablenkung, der Treffpunkt der gegebenen Schräglinie um die Entfernung $\beta^{II}\beta^{III}$ höher zu liegen scheint als er in Wirklichkeit liegt, dann wird man sich nicht weit von der Wahrheit entfernen, wenn man annimmt, dafs ein anderer Punkt, der um ebensoviel tiefer liegt als jener höher zu liegen scheint, gerade da zu liegen scheinen wird, wo der Treffpunkt der Schräglinie in Wirklichkeit liegt.

Die in Figur 5 vereinigten drei Figuren sollen diese Verhältnisse besser veranschaulichen.

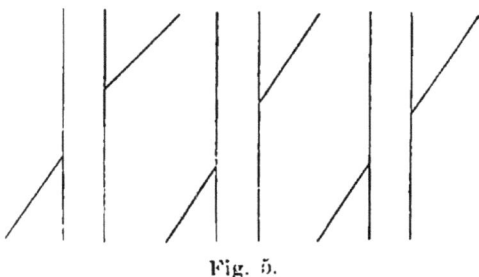

Fig. 5.

Die nach links liegende Figur zeigt (in starker Uebertreibung) die constructionsmäfsig ermittelte Verschiebung

der rechten Hälfte der Schräglinie; die mittlere Figur zeigt ihre
natürliche Lage mit der damit verbundenen optischen Täuschung
und die rechtsliegende Figur zeigt die soeben erwähnte Correc-
tion, wobei von einer noniusartigen Verschiebung nichts mehr
zu bemerken ist.

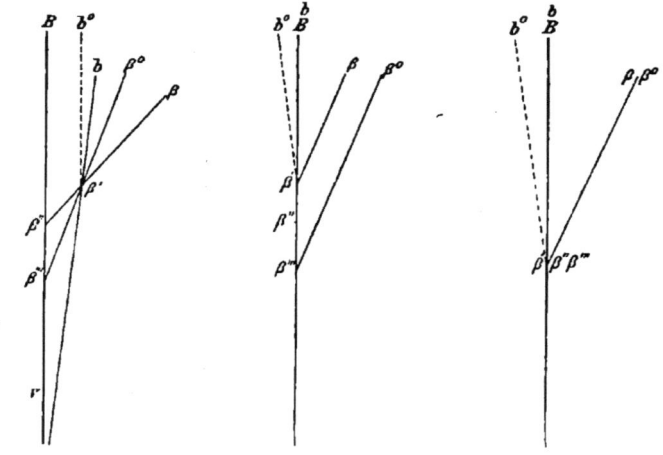

Fig. 6.

Die in Figur 6 zusammengestellten drei Halbfiguren sollen
den Vorgang bei Veränderung der Blickrichtung noch etwas
deutlicher veranschaulichen. Die linkerseits stehende Halbfigur
und ihre Buchstabenbezeichnung ist bekannt; nur haben wir
hier noch eine Parallele zur Linie B, als Hülfslinie $b^0\beta^1$, hinzuge-
fügt. — Der Blickpunkt befinde sich irgendwo unten in der Nähe
von v und rücke von hier aus allmählich höher hinauf bis β^{III}. Bei
dieser Fortbewegung des Blickpunktes nach oben wird die Linie b
immer näher an B heranrücken und wird schliefslich mit B zusammenfallen, wobei das kleine Dreieck $\beta^1\beta^{II}\beta^{III}$ gleichsam zu-
sammen- und in die Linie B hinein-gedrückt wird. Der Punkt
β^1 wird aber nicht — wie es in der mittleren (Uebergangs-)Figur
gezeichnet ist — in gleicher Entfernung von β^{III} bleiben; β^{II} wird
vielmehr, gleichzeitig mit Abnahme der Gröfse des kleinen Drei-
ecks, immer näher an β^{III}, und β^1 immer näher an β^{II} heranrücken, bis endlich, gleichzeitig mit dem Verschwinden des Drei-
ecks, alle drei β — wie es die rechtsseitige Figur zeigt — in
einen einzigen Punkt zusammentreffen. Dabei rückt die kleine
Hülfslinie $b^0\beta^1$ zuerst immer näher an B heran, und gelangt

zuletzt an deren andere (linke) Seite; ihr unterer Endpunkt β^1 rückt ebenmäfsig immer näher an β^{III} heran, und verschmilzt zuletzt in dem gemeinsamen Schmelzpunkt des früheren Dreiecks ($\beta^1\beta^{II}\beta^{III}$).

Dieser an der Innenseite der Linie B scheinbar sich anlehnende Winkel (ε) ist, allem Anschein nach, dasjenige was die scheinbare Convergenz paralleler Verticallinien bewirkt, wenn — wie im nächsten Abschnitte näher erläutert werden soll — die Aufsenseiten der Parallellinien mit einem oder mit mehreren nach oben offenen spitzen Winkeln armirt werden. Für sich allein betrachtet wäre dieser kleine Winkel der I n d e x d e s C o n v e r g e n z g r a d e s, welchen vertical stehende Linien annehmen müssen, wenn sie parallel — nicht s e i n, sondern — e r s c h e i n e n sollen.

Wir müssen hier nochmals daran erinnern, dafs unsere Figuren nur dazu dienen sollen, den Vorgang besser zu veranschaulichen; von geometrischer Exactheit kann dabei nicht die Rede sein. In Wirklichkeit fallen Linien und Punkte überhaupt niemals vollständig zusammen; sie kommen sich nur aufserordentlich nahe — so nahe, dafs ihre Abstände und ihr Noch-getrennt-sein gar nicht mehr unterschieden werden kann; sie trennen sich aber, bei veränderter Blickrichtung, dann doch gelegentlich wieder so weit, dafs sie zu geometrisch-optischen Täuschungen Veranlassung geben.

Weitere Schlufsfolgerungen und Beobachtungen.

Wenn ein nach oben offener Winkel (in unseren Figuren meistens an der rechten Seite liegend) g r ö f s e r e r s c h e i n t als er ist, dann mufs sein freier Schenkel entweder weiter nach rechts, oder es mufs die verticale Hauptlinie, in welcher der andere Schenkel liegt, oben weiter nach links gewendet scheinen, oder es mufs die scheinbare Vergröfserung auf beide Schenkel vertheilt sein.

Hier stehen wir vor einer schwer zu lösenden Frage! — Offenbar — wie wir sogleich sehen werden — bleibt die schräge Durchkreuzungslinie im Vortheil; sie ist die stärkere, sie drängt, bei nach oben geöffnetem Winkel, die Schein-Parallele zunächst weiter nach links, und verleiht ihr schliefslich den trügerischen Schein der Convergenz!

Fassen wir die Frage zunächst so einfach wie möglich.

Wir theilen in dieser Absicht unsere Täuschungsfigur ((Fig. 1) in verticaler Richtung in zwei gleiche Hälften und betrachten die eine Hälfte derselben — ohne Rücksicht auf ihre andere Hälfte — als eine für sich bestehende Figur. Wir haben alsdann nur eine einfache, vertical stehende Linie, die von einer anderen geraden Linie in schräger Richtung getroffen wird (Figur 7 a). — Es entsteht nun die Frage: kann durch die zweite schräg-einfallende Linie die Richtung der anderen (verticalen) Linie s c h e i n b a r verändert werden?

Man wird diese Frage vorläufig noch mit n e i n beantworten müssen, weil eine solche veränderte Richtung, wenn sie stattfände, aller Wahrscheinlichkeit nach so geringfügig sein müfste, dafs sie u n t e r der Schwelle menschlich-möglicher Beobachtung zurückbleibt.

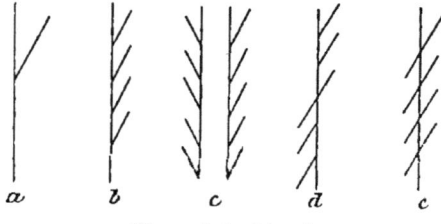

Figur 7 (a bis e).

Legen wir nun an die verticale Hauptlinie eine Mehrzahl, nach oben offener, gleich grofser Winkel, deren freie Schenkel mithin parallel unter sich verlaufen (Fig. 7 b), dann mag vielleicht die Zahl und der Parallelismus bewirken, dafs die verticale Hauptlinie sich nun schon bemerkbar, oben etwas nach links zu neigen scheint.

Verdoppelt man diese täuschende Wirkung dadurch, dafs man auch die andere Hälfte der ursprünglichen Täuschungsfigur, mit gleich grofsen nach oben offenen Winkelschenkeln, in ganz symmetrischer Weise nach a u f s e n hin armirt, und rückt man die beiden Hälften nun in s t r e n g - p a r a l l e l e r Richtung wieder näher an einander (Fig. 7 c.), dann wird noch deutlicher bemerkbar, dafs die beiden w i r k l i c h p a r a l l e l e n Hauptlinien nach oben s c h e i n b a r c o n v e r g i r e n.

Verdoppelt man den bereits erzielten Erfolg nochmals dadurch, daſs man diesen beiden Parallellinien ein ganz ähnliches
Paar hinzufügt, bei welchem aber die Oeffnungen der Winkel
(umgekehrt) nach entgegengesetzter Richtung gerichtet sind, dann
entstehen daraus die beiden wohlbekannten Figuren von HERING.

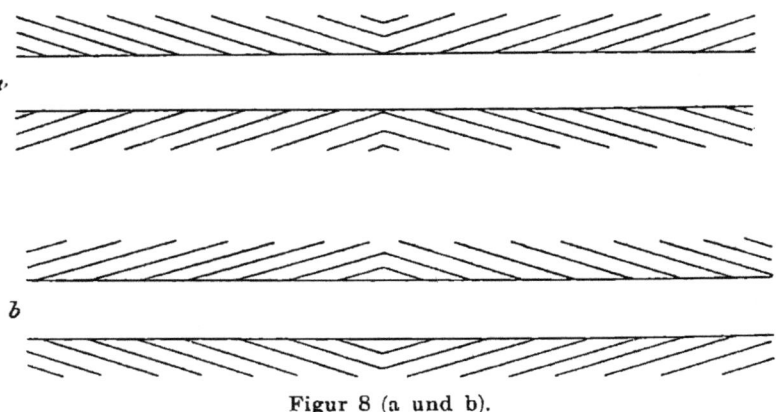

Figur 8 (a und b).

In einer dieser beiden Figuren (a) scheinen die parallelen
Hauptlinien in der Mitte weiter auseinander zu stehen
als an ihren Enden, und in der anderen (b), in welcher
die sämmtlichen freien Winkelschenkel entgegengesetzte Richtung haben, scheinen beide Parallellinien an ihren Enden
weiter auseinander zu stehen als in der Mitte. In beiden Figuren
bleibt die Täuschung fast unverändert, wenn man ihnen eine
gegen die Horizontalrichtung beliebig veränderte Drehung giebt.
Wir fügen zur Vergleichung hier noch eine, dem Charakter
und dem Effect nach sehr ähnliche, ältere Figur (1854/55) von
Oppel hinzu, bei der die Verschiedenheit der vier Richtungen,
nur durch je eine schräge Linie repräsentirt wird. (Fig. 9.)

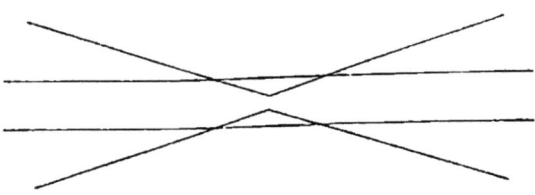

Fig. 9.

Auch in dieser Figur scheinen die zwischen den Schenkeln der beiden stumpfen Winkeln befindlichen Theile der Parallellinien, sich etwas auszuweiten.

Verändert man die Figur in anderer Weise, indem man die obere Hälfte der verticalen Linie an einer Seite mit nach oben, die untere Hälfte an der anderen Seite mit nach unten offenen Winkeln armirt, dann wird scheinbar die obere Hälfte der verticalen Linie, oben eben so sehr nach links, wie die untere Hälfte unten nach rechts gedrängt. Kehrt man die Figur um, dann bleibt ihre Gestalt völlig unverändert; immer drängen die freien Winkelschenkel die verticale Linie, welcher sie anliegen, in die ihrer eigenen Lage entgegengesetzte Richtung. (Fig. 7 d.)

Verändern wir endlich dieselbe Figur in solcher Weise, dafs die verticale Linie durchkreuzt wird von schrägen Linien, deren gleich grofse Winkel auf einer Seite nach oben, auf der anderen Seite nach unten sich öffnen (Fig. 7 e.), dann ist das scheinbare Resultat ungefähr dasselbe wie bei Figur 7 d.

Ohne eine neue Figur hinzuzufügen, wollen wir hier noch bemerken, dafs die über einander gestellten schrägen Durchkreuzungslinien, auch ohne die durchkreuzte verticale Linie, sich (in unserer Figur) scheinbar nach links hinüber neigen würden.

Die merkwürdigste und zugleich bekannteste aller Täuschungsfiguren ist die ZÖLLNER'sche Figur, welche ZÖLLNER — wie er selbst erzählt — zufällig an einem für Zeugdruck bestimmten Muster zuerst bemerkt hat. — Diese Figur macht einen unglaublich unruhigen Eindruck, der sich noch erheblich steigert, wenn man — wie HELMHOLTZ angegeben hat — die Spitze einer Nadel unverwandt fixirt und sie zugleich nahe an dieser Täuschungsfigur vorüberführt. Die einzelnen Bestandtheile derselben gerathen dabei in die seltsamsten Scheinbewegungen. Die verticalen Linien verschieben sich abwechselnd nach oben und nach unten; sie nähern sich mit ihren Endpunkten einander und entfernen sich wieder von einander und machen scheinbar zuweilen sogar förmlich schlangenartige Bewegungen.

An dieser merkwürdigen Figur hat POGGENDORFF zuerst die „noniusartige Verschiebung" bemerkt.

Die ZÖLLNER'sche Täuschungsfigur ist im Wesentlichen nur ein nach entgegengesetzten Richtungen mehrfach zusammengesetztes Compositum der bisher besprochenen einfacheren Figuren.

Da sie überdies sich in den meisten Hand- und Lehrbüchern der physiologischen Optik abgebildet vorfindet, so verzichten wir auf nochmalige zeichnerische Reproduction, und beschränken uns auf eine kurze Beschreibung derselben. — Die Figur besteht aus 7 ziemlich dicken verticalen Parallellinien, deren jede von etwa 20 kurzen und gleichfalls ziemlich dicken, schrägen Querstrichen durchschnitten wird (wie Fig. 7 e.). Die schrägen Querstriche laufen abwechselnd in einer und in entgegengesetzter Richtung (die spitzen Winkel öffnen sich an einer Verticallinie: rechts nach oben, links nach unten, und an der Nachbarlinie links nach oben, rechts nach unten), so daſs die langen Verticallinien, abwechselnd sich oben zu nähern und unten von einander sich zu entfernen scheinen, und umgekehrt. Das Verwirrende dieser Figur entsteht hauptsächlich dadurch, daſs e i n e M e h r z a h l derartiger Parallellinien mit scheinbar einander entgegengesetzter Neigung neben einander gestellt ist.

Zöllner bemerkt zu dieser Figur, daſs die Stärke der Täuschung ein Maximum erreicht, wenn die Richtung der Hauptstreifen mit der Verbindungslinie beider Augen sich unter einem Winkel von 45 ^{0} schneiden.

Helmholtz versichert, er könne bei der Zöllner'schen Figur die Täuschung beseitigen, wenn er sie fest fixire und nicht die schwarzen Streifen als Objecte betrachte, die auf weiſsem Grunde liegen, sondern die weiſsen Streifen, die auf schwarzem Grunde liegen, aufzufassen suche. Sobald ihm dieses gelinge sehe er Alles richtig. So wie er dann aber anfange, den Blick über die Zeichnung hinzubewegen, sei die Täuschung in voller Stärke wieder da.

Auch die „verschobene Schachbrettfigur" (Fig. 10.) von Münsterberg führt sich leicht auf die hier besprochenen Grund-

Fig. 10.

principien zurück. Münsterberg versuchte die Täuschung durch Irradiation zu erklären. Wir wollen ihm hierin nicht widersprechen, insofern die Irradiation dazu beitragen kann, die geraden Linien und die scharfen Spitzen etwas abzurunden. Dann

aber verwandeln sich zwei an einander verschobene Vierecke in
unregelmäfsig geformte, dicke, schräggestellte Striche, ähnlich
denen der ZÖLLNER'schen Hauptfigur. — Auch die Richtung der
scheinbaren Ablenkung entspricht ganz dem, was früher hierüber
gesagt worden ist.

Verhalten der Täuschung bei Umdrehung der ganzen Figur und bei Schräglage der Parallelen.

Wir haben uns nun noch mit Veränderung von Lage und
Stellung unserer ursprünglichen Täuschungsfigur (Fig. 1) — bei
unveränderter Blickrichtung — etwas eingehender zu beschäftigen.
Zuerst mag bemerkt werden, dafs die Stärke der Täuschung
abnimmt, wenn man die Figur ein wenig nach rechts, und dafs
sie zunimmt, wenn man sie ein wenig nach links verschiebt,
vorausgesetzt, dafs der Schrägstrich (wie in unserer Figur) von
oben rechts nach unten links verläuft. Verläuft er in entgegengesetzter Richtung, dann tritt beim Verschieben auch entgegen-
gesetztes Verhalten auf.

Auch beim Verschieben nach oben oder nach unten, wie
überhaupt auch bei verschiedener Schräglage der Ebene, in der sich
die Figur befindet, treten bemerkenswerthe Unterschiede in der
Stärke der Täuschung hervor, auf die wir indessen nicht näher
eingehen wollen. Wir wollen hier zunächst nur die U m d r e h u n g
d e r g a n z e n F i g u r bei unveränderter Blicklinie in Betrachtung
ziehen.

Wenn man die Figur 1 um ihre Mitte rotirt, wobei
jedoch immer vorausgesetzt wird, dafs die Ebene, in der die
Figur gedreht wird, mit der Gesichtsfläche des Beobachters
ungefähr parallel bleibt, dann ist zunächst auffallend, dafs die
Täuschung v o l l s t ä n d i g v e r s c h w i n d e t, sobald die schräge
Durchschneidungslinie beim Umdrehen in verticale oder in horizontale Richtung zum Beobachter gelangt.

Gehen wir von der verticalen Stellung des Schrägstriches
aus, in welcher keine Täuschung zu bemerken ist, und lassen
wir die Figur sich von oben nach rechts um ihre Mitte drehen,
dann bemerkt man eine allmählige Zunahme der Täuschung bis
etwa 45°. Alsdann nimmt die Täuschung wieder ab, um bei

90 ° d. h. in ihrer horizontalen Lage wieder ganz zu verschwinden. Auf diesem Wege von 0 ° bis 90 ° scheint die obere Hälfte der schrägen Linie stets über die andere Hälfte hinwegzugehen. Von nun an ändert sich die Erscheinung insofern, als die obere Hälfte zur unteren Hälfte wird, und nun rechts an der anderen Hälfte vorbeizugehen scheint. Im Uebrigen wiederholt sich in diesem zweiten Quadranten die Steigerung der Stärke der Täuschung bis ungefähr 135 °, um dann, stetig abnehmend, bei 180 " sich wieder ganz zu verlieren. Weiter brauchen wir diese Drehungserscheinung nicht zu verfolgen, weil weiterhin im linken unteren Quadranten dieselben Erscheinungen, die wir mit dem Beginn der Drehung von oben nach rechts soeben kennen gelernt haben, sich hier wiederholen. Ebenso bedarf es kaum einer besonderen Erwähnung, dafs, wenn der Schrägstrich von oben-links nach unten-rechts verläuft und wenn nun, in umgekehrter Ordnung, die Figur von oben nach links gedreht wird, die obere Hälfte der Schräglinie im oberen linken Quadranten über die untere hinwegzugehen, und im unteren linken Quadranten links an ihr vorüber zu gehen scheint.

Verhalten der Täuschung bei Schrägstellung der Parallelen. — Zur Beantwortung dieser Frage finden wir in der von Volkmann (l. c. pag. 212) mitgetheilten:

„Tabelle über die Abweichung der Trennungslinien von
den correspondenten Meridianen"
reichliches Material.

In seiner Tabelle unterscheidet Volkmann die Lage des „Meridians" von der correspondirenden Lage der „Trennungslinie" und läfst nun den Meridian — der durch den „constanten Diameter" bezeichnet wird — von 15 zu 15 ° in die Schräglage übergehen, so dafs dieselbe bei 90 ° zur Horizontallage wird, und bei 180 ° wieder in die Nullstellung zurückkehrt.

Die „Trennungslinie" ist die jedesmalige Linie scheinbarer Abweichung von der Lage des Meridians; die Abweichung selbst wird — wie früher schon gesagt wurde — „Kreuzungswinkel" genannt.

Das allgemeine Resultat dieser Versuche wird von Volkmann mit folgenden Worten zusammengefafst:

„Die Trennungslinien coïncidiren nirgends mit den correspondenten Meridianen der Normalstellung des Auges. Die Winkel, unter

welchen beide sich kreuzen, nehmen vom verticalen Meridiane nach dem horizontalen Meridiane stetig ab und vom horizontalen Meridiane weiter gegen den verticalen Meridian un-
ablässig zu."

Die beiden Diameter, welche parallel gestellt werden sollen,
divergiren also nicht blos in senkrechter Stellung, sondern auch
in jeder Schräglage woraus weiterhin zu schliefsen ist, dafs
in jeder Schräglage auch die noniusartige Verschiebung — wenn
auch vielleicht mit ungleicher Stärke — hervortreten mufs. Besondere Schwierigkeiten veranlafste nur die horizontale Lage, die,
auf verschiedene Weise geprüft, bei VOLKMANN immerhin noch
einen niedrigsten Kreuzungswinkel, im Mittel $= 0{,}43\,^{0}$ ergeben hat.

Durch diesen, allerdings sehr kleinen Kreuzungswinkel erklärt sich das Auftreten der noniusartigen Täuschung auch bei
horizontaler Lage des parallelseitigen Zwischenraumes.

HELMHOLTZ bemerkt hierzu, dafs er an den eigenen Augen
keine merkliche Abweichung vom Netzhauthorizonte finde wenn
seine Augen zuvor in paralleler Stellung sich erhalten hatten;
nach vorausgegangener convergenter Stellung fand er dagegen
eine kleine Abweichung im Sinne VOLKMANN's. — Diese Bemerkung ist insofern von besonderer Wichtigkeit, weil sie die
Abhängigkeit der Täuschung von gewissen Vorbedingungen erkennen läfst, worüber — unseres Wissens — anderweitige Beobachtungen bisher noch nicht vorliegen.

Aus VOLKMANN's Untersuchungen hat sich weiterhin ergeben,
dafs es nicht gleichgültig ist, ob man mit einer linksliegenden
Gröfse eine rechtsliegende vergleicht, oder umgekehrt. VOLKMANN
hat deshalb die „Raumlage" (d. i. die Lage des „constanten
Diameters") berücksichtigt; er hat den constanten Diameter, nach
welchem die Lage des beweglichen Diameters durch den Beobachter geregelt werden soll, in jeder Versuchsreihe 30 mal
links (in linke Raumlage) und 30 mal rechts (in rechte Raumlage)
gebracht: „Man wird nämlich finden" — so begründet VOLKMANN
dieses Verfahren — „dafs in solchen Versuchsreihen, in welchen
die Schwankungen der einzelnen Beobachtungen sehr gering sind,
die bei der einen oder anderen Raumlage erhaltenen Mittel-
werthe sehr verschieden ausfallen können. Kurz die Raumlage
wird zur Ursache constanter Fehler, welche sich nur dadurch eliminiren lassen, dafs man von dem in beiden Raum-

lagen gewonnenen Mittelwerthen der Kreuzungswinkel die halbe Summe nimmt."

Bei sämmtlichen Versuchen unter Schrägstellung des constanten Diameters, ergiebt sich bei l i n k e r Raumlage ein Mittelwerth (aus 30 Beobachtungen), welcher z u k l e i n und bei r e c h t e r Raumlage ein Mittelwerth (aus 30 Beobachtungen), welcher z u g r o f s ist. Die halbe Summe beider Beobachtungsreihen wird von VOLKMANN als „M i t t e l w e r t h d e r K r e u z u n g s - w i n k e l" in die Tabelle eingetragen.

Wir glauben nicht zu irren, wenn wir annehmen, dafs bei diesen Versuchen bei l i n k e r Raumlage stets das linke, bei r e c h t e r Raumlage stets das rechte Auge maafsgebend gewesen ist.

Da nun bei lothrechtem Stande des constanten Diameter und bei l i n k e r Raumlage, als Mittelwerth 2,23⁰; bei r e c h t e r Raumlage, als Mittelwerth 2,06 angegeben wird, so haben wir in nachstehender Tabelle nicht die h a l b e Summe (= 2,145⁰),

Tabelle I.

Linker Quadrant

	Oberer				Unterer		
Winkel	Differenz −	Differenz +	Divergenz-Winkel	Winkel	Differenz −	Differenz +	Divergenz-Winkel
0⁰	2,23⁰	2,06⁰	4,29⁰				
15⁰	2,02	2,07	4,09	165⁰	1,94	1,93	3,87
30⁰	2,253	1,263	3,516	150⁰	1,88	1,73	3,61
45⁰	1,45	1,62	3,07	135⁰	1,50	1,48	2,98
60⁰	0,98	1,43	2,41	120⁰	0,12	1,07	1,19
75⁰	0,95	0,97	1,92	105⁰	0,65	0,65	1,30
90⁰	{ 0,443	0,553	0,996				
	{ 0,397	0,467	0,864				

als „Mittelwerth der Kreuzungswinkel", sondern die g a n z e Summe, als D i v e r g e n z w i n k e l ($2\varepsilon = 4,29⁰$) zweier anscheinend paralleler, oder parallel-sein-sollender Linien, in unsere Tabelle I aufgenommen.

Der aus den Volkmann'schen Beobachtungen leicht zu be-rechnenden Divergenzwinkel nimmt im oberen linken Quadranten von 0° bis 90° fast arithmetisch genau für je 3 Winkelgrade der Schrägstellung um 0,1° = 6 Minuten, oder für je 15 Winkel-grade um 0,5 = 30 Minuten ab. Im unteren linken Quadranten sind die Divergenzwinkel im Allgemeinen kleiner und wachsen nicht in ebenso regelmäfsiger Proportion wie im oberen Quadranten.

Vergleicht man die von Volkmann berechneten „Mittel-werthe der Kreuzungswinkel", dann findet man, wie die nach-folgende Tabelle II zeigt, eine ziemlich gleichmäfsige Abnahme der Werthe im oberen Quadranten (von 0° bis 90°) und Wieder-zunahme im unteren Quadranten (von 90° bis 180°) und findet, dafs die Vergleichung der Mittelwerthe beider Quadranten — mit einer einzigen Ausnahme — im oberen Quadranten die gröfseren Werthe zeigt.

Tabelle II.

linker Quadrant				Differenz der Mittel- werthe	
Oberer		Unterer			
Grad der Schräglage	Mittelwerth der Kreuzungs- winkel	Grad der Schräglage	Mittelwerth der Kreuzungs- winkel	+	—
15°	2,05	165°	1,94	0,11	
30°	1,75	150°	1,80		0,05
45°	1,53	135°	1,49	0,04	
60°	1,20	120°	1,10	0,10	
75°	0,96	105°	0,65	0,31	
90°	0,43	90°	0,43	0,00	

Legen wir die in diesen beiden Tabellen numerisch ange-gebenen Werthe zu Grunde, dann können wir für jeden nach oben offenen spitzen Winkel den Werth von ε daraus berechnen. —

In Tabelle I ist angegeben, dafs für den Winkel $\alpha = 0$ der Divergenzwinkel $(2\ \varepsilon) = 4{,}29\,^0$ sei; demnach wäre $\varepsilon = 2{,}145\,^0$, oder sagen wir — der Kürze wegen — $\varepsilon = 2\,^0$.

Nun haben wir aus ebenderselben Tabelle schon ersehen, dafs die experimentell ermittelten Zahlen, ziemlich genau, ein arithmetisches Verhältnifs von 3 zu 0,1 erkennen lassen. Aus diesen Verhältnifszahlen — wenn man sie als annähernd richtig gelten lassen will — kann man für jeden in Winkelgraden angegebenen Winkel α, die Gröfse seines scheinbaren Zuwachses durch den variablen kleinen Winkel ε berechnen.

Es sei beispielsweise ein Winkel $= 36\,^0$ gegeben, dann würde, dem Verhältnifs von 3 zu 0,1 entsprechend, das dazugehörige $\varepsilon = 1{,}2$ sein. Dieses ε haben wir von dem für den Nullwinkel experimentell ermittelten $\varepsilon = 2$ zu subtrahiren und dem Winkel $36\,^0$ hinzuzurechnen, um dessen s c h e i n b a r e G r ö f s e zu finden. Das Ergebnifs wäre in diesem Falle $= 36\,^0$ 48 Minuten.

Für die von uns gewählte abgerundete Zahl $(\varepsilon = 2)$ würde sich weiterhin ergeben, dafs das variable $\varepsilon = 0$ wird, wenn der Winkel $\alpha = 60\,^0$ ist, das heifst also mit anderen Worten, dafs der nach oben offene spitze Winkel von $60\,^0$ weder gröfser noch kleiner, sondern in seiner richtigen täuschungslosen Gröfse gesehen wird. Danach müfste angenommen werden, dafs noch gröfsere spitze Winkel, von $60\,^0$ bis $90\,^0$ kleiner erscheinen, als sie sind, weil ε alsdann negativ werden würde. — Halten wir uns strenger an die (nicht abgerundete) experimentell gefundene Zahl, dann würde erst bei einem Winkel $= 75\,^0$ das variable $\varepsilon = 0{,}02$, mithin nahezu $= 0$ werden. — Indessen bleibt hierbei zu bedenken, dafs das empirisch gefundene Verhältnifs von 3 zu 0,1, nur a n n ä h e r n d als richtig gelten kann, und andererseits, dafs die als Mittelwerthe aus je 30 Beobachtungen von Volkmann gefundenen Zahlen, in der zweiten Decimalstelle nur zweifelhaften Werth haben, und endlich, dafs ein solches Verhalten (wonach $\varepsilon = 0$ wird, bevor der gegebene Winkel den Werth von $90\,^0$ erreicht hat) einer besseren Begründung bedarf, als bis jetzt dafür geltend gemacht werden kann.

Bei dem Zahlenergebnifs im linken unteren Quadranten ist noch zu bemerken, dafs zwar die Zahlen in ähnlichem Verhältnifs wie sie von $0\,^0$ bis $90\,^0$ abgenommen hatten, nun, von $90\,^0$ bis $180\,^0$ wieder zunehmen, allein die correspondirenden Schräg

heitsgrade (15" und 165", oder 30⁰ und 150⁰ u. s. w.) sind im
unteren Quadranten — mit einer einzigen Ausnahme — kleiner
als im oberen und wachsen nicht ebenso gleichmäfsig wie in
diesem.

Da bei der sinnreichen Versuchsvorrichtung Volkmann's nur
mit Diametern und nicht mit Halbmessern experimentirt worden
ist, so mufs das Ergebnifs des linken unteren Quadranten als
identisch mit dem rechten oberen betrachtet werden. — A priori
möchte man aber annehmen, dafs, wenn jeder der vier Quadranten
für sich geprüft worden wäre [1], die beiden oberen Quadranten vielleicht besser mit einander übereinstimmende Zahlen ergeben
haben würden als der linke obere mit dem linken unteren, und
dafs der rechte untere Quadrant vielleicht auch Resultate ergeben haben würde, die mit dem linken unteren besser überein-
stimmen als mit dem linken, resp. rechten oberen. Jedenfalls
bleibt zu wünschen, dafs diese mühsamen Versuche auch noch
auf die rechte Hälfte des Kreises ausgedehnt werden.

Wir würden übrigens erwarten, dafs bei solchen Untersuchungen vorwiegend nur persönliche Unterschiede hervortreten, weil, bei den meisten Menschen, eine mehr oder weniger
deutliche Verschiedenheit der beiden Augen sich nachweisen läfst.

Das Gröfser-Erscheinen spitzer Winkel.

Die meisten Menschen sind wohl im Stande, eine gerade
Linie, einen rechten Winkel oder den parallelen Verlauf zweier
gerader Linien ziemlich genau abzuschätzen; dagegen ist nicht Jedermann im Stande, die Gröfse eines bestimmten nicht-rechten Winkels
nach blofsem Augenmafs richtig anzugeben oder nachzuzeichnen.
Der Grund davon liegt ohne Zweifel darin, dafs wir täglich
und stündlich Gelegenheit haben — ja genöthigt sind — mit
horizontalen und verticalen Richtungen — also mit rechten
Winkeln — fast nie aber mit irgend einem bestimmten, vom
rechten verschiedenen, Winkel uns anhaltend zu beschäftigen.
Es fehlt für diesen letzteren Fall an jeglicher Uebung, die uns

---

[1] Bei anderer Gelegenheit hat Volkmann allerdings auch mit Halbmessern (Radien) experimentirt.

im ersten Falle so reichlich zu Gebote steht. Hätten wir g l e i c h -
g ü n s t i g e Gelegenheit, uns im Abschätzen der Gröfse eines
rechten und eines nicht-rechten Winkels von bestimmter Gröfse
(z. B. von 30 °) zu üben, dann ist nicht abzusehen, warum wir
nicht den einen mit ebenso grofser Sicherheit wie den anderen
sollten abschätzen lernen.

Wenn wir zu einer gegebenen Geraden, genau parallel, eine
zweite Gerade ziehen wollen, dann vermerken wir an dem einen
Ende derselben die Entfernung, in der die Parallele gezogen
werden soll, und schätzen am anderen Ende derselben die gleiche
Entfernung ab. Zu gröfserer Sicherheit und zur besseren Con-
trole blicken wir wohl noch einmal auf den ersten Endpunkt
zurück, und wohl auch noch auf andere Punkte der gegebenen
Linie, um uns sicher davon zu überzeugen, dafs die zu ziehende
Parallele an a l l e n P u n k t e n wirklich gleich weit von der gegebenen Linie absteht. Ist unser Gedächtnifs stark genug, um
die Gröfse dieser Distanz, von einem Moment bis zum anderen,
genau festhalten zu können, dann wird die Parallellinie tadellos
ausfallen; im anderen Falle entstehen Ungenauigkeiten.

Durch fortgesetzte Uebung erlangen wir freilich eine gewisse
Fertigkeit, die uns schliefslich befähigt, gleichsam mit e i n e m
Blick zu entscheiden, ob zwei Linien parallel sind — ob z. B. ein
an der Wand hängendes Bild „vollkommen gerade" hängt — oder
nicht. Diese Fertigkeit ruht aber immer auf demselben eben angegebenen umständlichen Verfahren, auf welches wir in allen
zweifelhaften und schwierigeren Fällen doch immer wieder zu-
rückgreifen müssen. Unwillkürlich — sei es bewufst oder
unbewufst — wird man aufserdem noch alle zufällig sich
etwa darbietenden Nebenumstände mitbenutzen, um sich ein
richtiges Urtheil zu sichern. — Eine besondere angeborene in-
stinctive Fähigkeit zu solcher Unterscheidung giebt es nicht;
wohl aber mag es dem Einen leichter werden als dem Anderen,
durch stärkere Concentration der eigenen Aufmerksamkeit, gröfsere
Geschicklichkeit hierin zu erlangen.

Weit schwieriger als die Bestimmung des Parallelismus zweier
geraden Linien ist die Beurtheilung und richtige Abschätzung der
O e f f n u n g s w e i t e eines n i c h t - r e c h t e n W i n k e l s. Beim
Parallelismus war nur e i n e Gröfse, nämlich die E n t f e r n u n g der
beiden Linien von einander, scharf ins Auge zu fassen und dem Gedächtnisse, so lange wie nöthig, gut einzuprägen. Bei Bestimmung

der Oeffnungsweite eines nicht-rechten Winkels haben wir
m e h r   a l s   e i n e r   Gröfse Rechnung zu tragen. Man wird in
Gedanken zuerst den Winkel zum Dreieck ergänzen, und dann
alle erforderlichen Congruenzbedingungen wenigstens so lange
im Gedächtnisse festhalten müssen, bis man davon Gebrauch
machen will.

Anders wird es kaum möglich sein, ein leidlich zutreffendes
Schätzungsmaafs einer Winkelgröfse zu gewinnen. Allerdings
wird auch in diesem Falle, durch lange Uebung und scharfe Aufmerksamkeit, gröfsere Sicherheit und Schnelligkeit des Urtheils
erzielt werden können; daran ist nicht zu zweifeln. Angesichts
der gröfseren Schwierigkeiten glauben wir aber annehmen zu
müssen, dafs die Beurtheilung der Verschiedenheit von Winkelgröfsen   n a c h   A u g e n m a a f s, im Allgemeinen auf grofse Zuver-
lässigkeit nur ausnahmsweise Anspruch machen darf.

Es kommt erschwerend noch die Gewöhnung an perspec-
tivische Täuschung hinzu, die uns   j e d e n   Winkel in einer ganz
anderen Gröfse erscheinen lassen kann, als diejenige, welche
er in der Ebene des Papieres wirklich besitzt. — Die „umkehrbare
Täuschungsfigur" des Necker'schen Würfels besteht z. B. aus
geraden Linien, die sich unter ebenen Winkelöffnungen von 20^0
und 120^0 einander begegnen, und doch mufs man sämmtliche
Winkel dieser Figur perspectivisch für rechte Winkel halten;
man wird vielleicht sogar einige Mühe haben sich klar zu machen,
dafs an der ganzen Figur nicht ein einziger Winkel von 90^0 zu
sehen ist.

Blicken wir nun wieder auf unsere nach oben scheinbar divergirende Parallellinien zurück, so ist klar, dafs die scheinbare
Divergenz   n a c h   o b e n   einen spitzen Winkel   n a c h   u n t e n   vor-
aussetzt (Divergenzwinkel), der   bei   w i r k l i c h   p a r a l l e l e n
L i n i e n   bekanntlich = 0 sein müfste.

Setzen wir nun einen nach oben offenen spitzen Winkel von
beliebiger Gröfse an die Aufsenseite einer nach oben divergirenden
Pseudoparallele, dann mufs dieser Winkel, verglichen mit der
lothrechten Linie an welche er sich wirklich ansetzt, offenbar
g r ö f s e r   erscheinen als er ist, und zwar genau um so viel
gröfser als es der halbe Divergenzwinkel der Pseudoparallelen
erfordert. Mit diesem kleinen, dem halben Divergenzwinkel der
Pseudoparallelen entsprechenden   G r ö f s e n ü b e r s c h u f s   über

den Nullwinkel des w i r k l i c h e n und w a h r e n P a r a l l e l i s m u s beginnt die Beurtheilung der s c h e i n b a r e n W i n k e l g r ö f s e jedes, an eine lothrechte Linie angesetzten, nach oben sich öffnenden, spitzen Winkels; um diese kleine Differenz mufs er g r ö f s e r erscheinen, als er wirklich ist.

Läfst man diese Annahme vorläufig als richtig gelten, dann wird andererseits doch noch zu fragen sein, ob nicht ebenso folgerichtig auch widersprechende Behauptungen geltend gemacht werden können.

Wenn spitze Winkel allgemeinhin gröfser erscheinen als sie sind, dann müssen die, jeden spitzen Winkel zu z w e i Rechten ergänzenden stumpfen Nebenwinkel kleiner erscheinen, als sie sind — darüber besteht keine Meinungsverschiedenheit. — Wie aber, wenn wir den spitzen Winkel mit seinem, ihn zu e i n e m rechten Winkel ergänzenden Complementärwinkel vergleichen? Dieser Complementärwinkel ist ja selbst auch ein spitzer Winkel! — Wenn b e i d e spitze Winkel gröfser erscheinen als sie sind, dann mufs nothwendig auch der rechte Winkel gröfser erscheinen als ein rechter Winkel. Wir dürfen aber — nach Allem was hierüber als anerkannt gilt — annehmen, dafs die Gröfse eines rechten Winkels im Allgemeinen mit einer verhältnifsmäfsig grofsen Genauigkeit richtig eingeschätzt und angegeben werden kann. Ist diese letztere Annahme zutreffend, dann ist nicht wohl möglich, dafs zwei spitze Winkel, die sich gegenseitig zu einem rechten Winkel ergänzen, b e i d e z u g l e i c h gröfser erscheinen können als sie wirklich sind. Wenn der e i n e von beiden gröfser erscheint als er ist, und wenn man nicht bestreitet, dafs ein rechter Winkel verhältnifsmäfsig genau als solcher erkannt werden kann, dann mufs der a n d e r e nothwendig kleiner erscheinen als er ist.

Die Erfahrung lehrt — wie wir sogleich sehen werden — d a f s e s s i c h w i r k l i c h s o v e r h ä l t: von zwei zu e i n e m rechten Winkel sich ergänzenden spitzen Winkeln wird in der Regel der eine für gröfser, der andere für kleiner gehalten als er ist.

Versuchen wir zuvor diese Frage auch in analytischer Form noch etwas besser zu beleuchten, indem wir zuerst ganz allgemeinhin das Verhalten e i n e r e i n z e l n e n s c h r ä g e n Linie näher prüfen.

Im ebenen Raum haben wir nur zwei, jederzeit festbestimmbare Riehtungen: die lothrechte Richtung gegen den Mittelpunkt der Erde und die überall gleiehe, ebene Oberfläche des Wassers, d. h. also: die verticale und die horizontale Riehtung. — Alles was nieht horizontal und nieht vertieal ist, ist schräg! — Der Grad der Sehrägheit einer gegebenen geraden Linie kann nicht anders bestimmt werden als durch das Riehtungs-Verhältnifs zu einer horizontalen, oder zu einer vertiealen Linie, d. h. dureh die Gröfse des, in Folge des Zusammentreffens beider Linien, entstehenden Winkels.

Der Grad der Sehräghcit einer Linie, deren Coordinaten an dem einen Endpunkte x und y, an dem anderen — wie wir annehmen wollen höher liegenden — Endpunkte x^1 und y^1 heifsen mögen, läfst sieh ausdrücken dureh die Gleiehung:

$$\text{tang.} = \frac{y^1 - y}{x^1 - x}$$

oder, wenn wir den tieferen Endpunkt der schrägen Linie in die vertieale (y) Axe verlegen, mithin $x = 0$ setzen, und wenn wir den hieraus entstehenden nach oben offenen spitzen Winkel mit dem Buehstaben α bezeichnen:

$$\text{tang.} \; \alpha = \frac{x^1}{y^1 - y}.$$

Setzen wir nun aueh noeh $x^1 = 0$, dann wird der Winkel $\alpha = 0$ und die sehräge Linie fällt ganz und gar in die y Axe. Wegen der Divergenz der Pseudoparallelen mufs aber der kleine Winkel ε, der bei wirklieh parallelen Linien $= 0$ ist, nun noeh hinzu addirt werden, um dem Winkel α seine volle seheinbare Gröfse zu siehern.

Dieses ε ist nach VOLKMANN's Untersuchungen — wie wir bereits wissen — eine variable Gröfse. Die Gröfse ε nimmt ab wenn α gröfser wird, und zwar in einem Verhältnisse, wonaeh $\varepsilon = 0$, oder fast $= 0$ wird, wenn α die Gröfse eines reehten Winkels erreieht. Unser spitzer Winkel α soll aber nicht $= 0$ sein; er soll einen beliebigen Werth annehmen, weleher zwisehen 0^0 und 90^0 liegt. — Verlegen wir nun den Seheitelpunkt dieses Winkels — indem wir aueh $y = 0$ setzen — in den Kreuzungspunkt unserer Coordinaten, dann hat dieser spitze Winkel einen ebenfalls spitzen Winkel als eomplementären Naeh-

barn, der ihn zu e i n e m rechten Winkel ergänzt. Dieser com-
plementäre Winkel mufs also, — nicht blofs theoretisch, sondern
factisch und praktisch augenscheinlich k l e i n e r sein, wenn jener
erstere gröfser ist, oder gröfser zu sein scheint; es ist nicht möglich,
dafs die Summe zweier sichtbarer Gröfsen gröfser oder kleiner
sein oder erscheinen kann, als sie in Wirklichkeit ist.

Die Erfahrung lehrt, dafs es sich wirklich so verhält!

Wir haben, um erfahrungsmäfsiges Material zu sammeln,
folgendes Verfahren eingeschlagen:

Auf einem, auf ein Zeichenbrett aufgespannten Bogen
Papier wurde ein grofses rechtwinkliges Coordinatenkreuz
aufgezeichnet, und auf einem Stückchen Pauspapier wurde mit
der Reifsfeder eine gerade Linie gezogen. — Die Aufgabe des
Beobachters, der möglichst genau der verticalen Mittellinie gegenüber gesetzt wurde, bestand nun darin, bei unveränderter Stellung,
jeden der vier um das Coordinatenkreuz gelagerten rechten
Winkel durch die auf dem Pauspapier gezeichnete Gerade, n a c h
A u g e n m a a f s, in zwei gleichgrofse halbe Rechte (45 ^{0}) zu
theilen. — Die auf diese Weise getheilten (halbrechten) Winkel
wurden dann wieder zu scheinbar ganzrechten Winkeln zusammen-
gelegt und zwar in solcher (veränderten) Weise, dafs die Oeffnung
der vier scheinbaren Rechtwinkel nach oben, nach unten, nach
rechts und nach links gerichtet war.

Diese Versuche zeigten in einzelnen Fällen zwar g r o f s e Zahlen-
Schwankungen und bestätigen damit die Richtigkeit unserer oben
ausgesprochenen Ansicht, dafs die Schätzung von Winkelgröfsen
nach Augenmaafs aufserordentlich schwierig und unsicher sei.

Soviel sich aus unseren bisherigen nicht sehr zahlreichen
Prüfungen entnehmen läfst, ist — in Uebereinstimmung mit den
Beobachtungen von OPPEL und in Uebereinstimmung mit der an-
geblichen „Ueberschätzung verticaler Gröfsen" — gefunden worden,
dafs der nach oben offene rechte Winkel, fast ohne Ausnahmen,
g r ö f s e r erscheint als 90 ^{0}, und dafs der nach unten offene
Winkel, gewöhnlich zwar etwas kleiner als der nach oben offene,
immerhin jedoch auch noch gröfser erscheint als 90 ^{0}. Die beiden
seitlich sich öffnenden Rechtwinkel erscheinen dagegen durchschnittlich k l e i n e r als 90 ^{0}.

Wir lassen hier eine kleine numerisch geordnete Uebersichts-
tabelle (10 Beobachtungen) zweier Beobachter (I und II) nachfolgen, die das Gesagte besser klarlegen soll.

Tabelle A.

I.

oben	unten	rechts	links
92° 17'	91° 9'	90° 50'	85° 44'
91° 23'	91° 26'	90° 48'	86° 23'
95° 52'	92° 44'	87° 14'	84° 10'
88° 54'	91° 1'	93° 18'	86° 47'
88° 47'	90° 0'	91° 33'	89° 40'

II.

oben	unten	rechts	links
91° 18'	93° 52'	91° 1'	83° 49'
97° 0'	89° 14'	89° 12'	84° 34'
100° 11'	91° 34'	82° 55'	85° 20'
97° 24'	92° 46'	85° 1'	84° 49'
96° 36'	90° 48'	88° 25'	84° 11'

	Mittel aus je 5 Beobachtungen zweier Beobachter		Mittel aus allen 10 Beobachtungen
Oben	91° 26,6'	96° 29,8'	93° 58,2'
Unten	91° 16,0'	91° 38,8'	91° 27,4'
Rechts	90° 44,6'	87° 18,8'	89° 1,7'
Links	86° 32,8'	84° 32,6'	85° 32,7'

Es würde sich, wenn im Verfolg ähnlicher Untersuchungen
— woran wir nicht zweifeln — ähnliche Resultate erzielt werden,
hieraus ein gesetzmäfsiges Verhalten entnehmen lassen, welches
dahin formulirt werden mufs, dafs spitze Winkel, die sich mit
einem ihrer Schenkel der v e r t i c a l e n Richtung anschliefsen,
irrthümlich leicht für g r ö f s e r gehalten werden als sie sind,
während ebensolche Winkel, die sich mit einem ihrer Schenkel
der h o r i z o n t a l e n Richtung anschliefsen, ebenso leicht für
k l e i n e r gehalten werden als sie in Wirklichkeit sind.

Eine z w e i t e Reihe ähnlicher Versuche wurde so einge-
richtet, dafs die beiden seitlichen Quadranten mit einander vertauscht, dafs also die beiden rechten Quadranten auf die linke,
die beiden linken Quadranten auf die rechte Seite verlegt wurden.

Der Beobachter wurde — wie bei dem vorigen Versuche —
vor die Mitte einer über ein genau rechtwinkliges Papierblatt
gezogenen h o r i z o n t a l e n Linie gesetzt. — Seine Aufgabe war :
die vier rechten Winkel, welche an den Enden der Horizontal-
linie mit den Papierrändern gebildet werden — nach Augenmaafs
— zu h a l b i r e n. Bei diesen Versuchen wurden nur die vier,
der h o r i z o n t a l e n L i n i e a n l i e g e n d e n, halb-rechten Winkel
in Berechnung gezogen.

Das Resultat war überraschend, wenn auch nicht unerwartet.
— Die (nicht unerheblichen) Unterschiede von rechts und links
lassen wir auf sich beruhen, weil sie, aller Wahrscheinlichkeit
nach, auf (nicht näher untersuchte) Verschiedenheiten der beiden
Augen zurückzuführen sind. Interessant ist aber der Unterschied von u n t e n und o b e n, welcher deutlich zeigt, dafs die
oberen Werthe durchschnittlich kleiner (also unrichtiger) sind,
während die unteren dem richtigen Werth von 45^0 viel näher
kommen. Es beruht dies auf denselben Ursachen, welche
— wie wir oben gesehen haben — die Täuschung der POGGEN-
DORFF'schen Figur beim Verschieben nach rechts oder nach
links erleidet. Durch die Blickwendung von der Mitte aus, nach
rechts oder nach links, gelangt das Auge, dem Winkeltheilungs-
striche gegenüber, in eine der Verticalen ziemlich nahe Richtung,
in welcher — wie wir wissen — die Täuschung verschwindet.

Wir lassen auch hierüber eine tabellarische Zahlenübersicht
einer Versuchsreihe von 10 Beobachtungen nachfolgen.

Tabelle B.

Links		Rechts	
oben	unten	oben	unten
41° 8'	51° 15'	39° 57'	42° 41'
36° 43'	42° 48'	38° 25'	41° 42'
42° 13'	45° 33'	39° 31'	36° 32'
41° 8'	46° 33'	36° 59'	43° 51'
43° 3'	46° 33'	37° 44'	45° 0'
42° 17'	46° 38'	40° 36'	43° 54'
44° 35'	45° 47'	43° 3'	40° 22'
37° 23'	46° 6'	42° 23'	37° 23'
40° 43'	44° 38'	39° 11'	40° 29'
37° 58'	46° 33'	35° 41'	43° 27'

im Mittel:

40° 43'	46° 14'	39° 21'	41° 32'

oder, je zwei scheinbar halbrechte Winkel nach den vier verschiedenen
Richtungen zusammenaddirt:

Oben   80° 4'   Rechts 80° 53'
Unten 87° 46'   Links   86° 57'

Eine dritte Reihe ganz ähnlicher Versuche wurde an einer
verticalen Linie vorgenommen, wobei ebenfalls nur die vier der
Verticale anliegenden Winkel in Betracht gezogen wurden.
Die Resultate dieser dritten Versuchsreihe sind in nebenstehender
Tabelle C zusammengestellt.

Wie in der zweiten Reihe das „Rechts" und „Links", so ist in
dieser dritten Reihe das „Oben" und „Unten" vertauscht: der in
der ersten Reihe nach unten sich öffnende Winkel liegt nun oben,
und der nach oben sich öffnende Winkel liegt unten.

Diese dritte Reihe ist insofern von Interesse als sie — wenn
auch nur durch kleine Differenzen — ganz deutlich zu erkennen
giebt, dafs das Gröfsenverhältnifs der Winkel sich ebenfalls
umgekehrt hat. In der ersten Reihe war der obere Winkel gröfser
als der untere; in der dritten Reihe ist der untere gröfser als der
obere; in beiden Fällen ist aber die Winkelöffnung nach
oben gerichtet; umgekehrt verhält es sich mit den beiden anderen Winkeln.

Tabelle C.

oben	unten
87° 50′	89° 22′
91° 34′	89° 13′
95° 21′	90° 47′
90° 34′	97° 46′
93° 24′	98° 12′
92° 12′	92° 44′
91° 57′	98° 56′
91° 6′	94° 55′
82° 20′	90° 22′
86° 30′	86° 54′

im Mittel:

90° 17′	92° 51′

Wenn wir die vier in Rede stehenden Winkel in leicht verständlicher Weise ($\lor$, $\land$, $\lor$, $\land$) bezeichnen und wenn wir sie vergleichsweise neben einander stellen, dann ist, in mittleren Zahlen ausgedrückt:

$$\lor = 93^{\,0}\ 58{,}2'$$
$$\land = 91^{\,0}\ 27{,}4'$$
$$\land = 90^{\,0}\ 17'$$
$$\lor = 92^{\,0}\ 51'$$

In allen vier Fällen sind diese vier Winkel **größer** als 90°, während in den analogen vier Fällen der ersten und zweiten Versuchsreihe

$$\triangleleft = 89^{\,0}\ 1{,}7'$$
$$\triangleright = 85^{\,0}\ 32{,}7'$$
$$\triangleleft = 86^{\,0}\ 57'$$
$$\triangleright = 80^{\,0}\ 53'$$

alle vier Winkel ohne Ausnahme **kleiner** sind als 90°.

Das gesetzmäßige Verhalten wonach alle spitzen Winkel, deren **einer** Schenkel in der Horizontalrichtung liegt, **kleiner**, und alle spitzen Winkel, deren einer Schenkel in der Verticalrichtung liegt, **größer** erscheinen als sie sind, wird demnach durch alle drei Versuchsreihen bestätigt.

Es läßt sich hiernach mit einiger Wahrscheinlichkeit annehmen, daß Winkel, deren Schenkel weder in der horizontalen noch in der verticalen Richtung liegen, annähernd nach der ihnen nächsten dieser beiden Richtungen, schätzungsweise Beurtheilung finden werden.

Wir haben noch ein anderes Verhalten zu beachten, welches wir vorläufig in folgender Form ausdrücken wollen:

$\lor$ ist größer als $\lor$ und

$\land$ „ „   „ $\land$

oder, in mittleren Zahlenwerthen ausgedrückt:

$$93\,^{0}\ 58{,}2' \gt 92\,^{0}\ 51'\ \text{und}$$
$$91\,^{0}\ 27{,}4' \gt 90\,^{0}\ 17'$$

und

$\lhd$ ist größer als $\rhd$ und

$\lhd$ „ „ „ $\rhd$

oder, in mittleren Zahlen ausgedrückt:

$$89\,^{0}\ 1{,}7' \gt 80\,^{0}\ 53'.$$
$$86\,^{0}\ 57' \gt 85\,^{0}\ 32{,}7'.$$

Dieses letztere Verhalten lassen wir vorläufig unberührt; es bedarf vor allen Dingen zuvor noch einer festeren Begründung des c o n s t a n t e n Vorkommens durch fortgesetzte Untersuchungen an gut geeigneten Versuchspersonen, welche uns selbst, zur Zeit, leider nicht zur Verfügung stehen.

Andere Täuschungsfiguren.

Auf Grund unserer bisherigen Erörterungen glauben wir noch einige andere geometrisch-optische Täuschungen befriedigend erklären, oder — richtiger ausgedrückt — auf gemeinsame Grundgesetze zurückführen zu können.

1. Eine s c h r ä g e L i n i e , deren mittleres Drittheil in einen leeren Zwischenraum verwandelt ist, oder — mit anderen Worten — z w e i von einander getrennte, aber in vollkommen gleicher Schrägrichtung verlaufende Linien können eine Täuschung bewirken, wonach es scheint, als ob die obere Linie, anstatt in ihrer geradlinigen Verlängerung mit der unteren zusammenzufließen, ü b e r d i e s e l b e h i n w e g g e h t .

Bezeichnen wir die Coordinaten der vier Endpunkte dieser beiden Linien mit den Buchstaben x und y und versehen wir diese beiden Buchstaben, in ihrer Reihenfolge von unten nach oben, mit entsprechenden Stellenzeigern, dann wird der nach oben offene spitze Schrägheitswinkel (α), welchen diese beiden Linien, hinreichend verlängert, mit der verticalen y-Ordinate einschliefsen, auszudrücken sein durch die Gleichung:

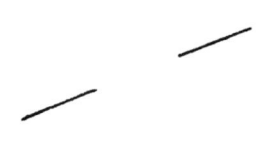

Figur 11.

$$\tan \alpha = \frac{x^{\mathrm{II}} - x^{\mathrm{I}}}{y^{\mathrm{II}} - y^{\mathrm{I}}} = \frac{x^{\mathrm{IV}} - x^{\mathrm{III}}}{y^{\mathrm{IV}} - y^{\mathrm{III}}}.$$

Wir wissen aber, dafs dem Winkel α noch ein kleiner Winkel (ε) hinzugerechnet werden mufs, wenn die **scheinbare Winkelgröfse** gesucht wird.

In Folge dieser Veränderung werden x^{I} und x^{III}, sowie auch y^{I} und y^{III} **gar nicht**, x^{II} und x^{IV} **kaum merklich**, verändert; nur y^{II} und y^{IV} werden dadurch in Mitleidenschaft gezogen; sie werden **kleiner** und folglich werden auch die Nenner obiger beiden Brüche kleiner, die Brüche selbst also **gröfser**. Durch die Verkleinerung der Ordinaten y^{II} und y^{IV} wird aber die **Richtung** der beiden Linien verändert. Da nun die durch $x^{\mathrm{I}} y^{\mathrm{I}}$ und $x^{\mathrm{III}} y^{\mathrm{III}}$ bestimmten beiden (tiefer liegenden) Punkte in ihrer Lage völlig unverändert bleiben, so kann eine durch diese beiden Punkte gelegte gerade Linie nun nicht zugleich auch die beiden anderen, **ihrer Lage nach veränderten** Endpunkte treffen. Da jedoch die veränderte **Winkelstellung** bei beiden Linien **gleich grofs** ist, so mufs auch die veränderte **Richtung** gleich grofs sein, und einen **parallelen Verlauf** beider Linien bedingen, und zwar so, dafs die höher liegende Linie die höher liegende bleibt, und also in ihrer Verlängerung **über** die andere hinwegzuziehen scheint. — Das ist es gerade, was als „optische Täuschung" (als noniusartige Verschiebung) an diesen beiden Linien bemerkt wird.

2. Die soeben besprochene Täuschungsfigur ist im Grunde genommen nur eine **Vereinfachung** derjenigen Täuschungsfigur von der wir ursprünglich ausgegangen sind (Figur 1). Sie ist insofern vereinfacht, als der leere Zwischenraum von keinerlei

Grenzlinien eingefafst ist. Alles früher hierüber Gesagte mufs
demnach Geltung behalten gleichviel in welche Richtung die
etwa hinzufügenden Grenzlinien hineingelegt werden, oder überhaupt hineingelegt werden k ö n n e n.

Wir benutzen diese Gelegenheit um noch besonders darauf
hinzuweisen, dafs die noniusartige Verschiebung der beiden
Linien auch dann Geltung behält und behalten mufs, wenn der
leere Zwischenraum durch p a r a l l e l e H o r i z o n t a l l i n i e n be-
grenzt wird, und möchten im Voraus dem Einwand begegnen,
dafs die für vertical n a c h o b e n divergirenden Pseudoparallelen
geltenden Gesetze nicht auch für h o r i z o n t a l e Parallelen volle
Geltung behalten sollten.

3. Das Q u a d r a t. Es gilt ziemlich allgemein als eine aus-
gemachte Thatsache, dafs, bei Vergleichung horizontaler und
verticaler Dimensionen, sich ein „constanter Fehler" zeigt, der
darin besteht, dafs die verticalen Dimensionen ü b e r s c h ä t z t
werden.

Von zwei gleichgrofsen Dimensionen, von denen die eine
horizontal liegt, die andere vertical steht, wird die verticale für
gröfser gehalten und demnach kleiner eingeschätzt. Ein von un-
geübten Zeichenschülern nach Augenmaafs gezeichnetes Quadrat
soll, bei näherer Prüfung, sich gewöhnlich als ein rechteckiges
Viereck mit länglicher Basis erweisen.

Wie grofs die Unter- oder Ueberschätzung sei, darüber gehen
die betr. Angaben weit auseinander. Oppel [1], der zuerst auf
diesen „constanten Fehler" aufmerksam gemacht hat, sagt: „So
wird ein rechtwinkliges Viereck von 8 Zoll Höhe auf $8^{1}/_{2}$ Zoll
Grundlinie willig für ein Quadrat erkannt, während ein wirk-
liches Quadrat, daneben gehalten, um etwa $^{1}/_{2}$ Zoll zu hoch erscheint." — Wundt schätzt die Gröfse dieser „bedeutendsten
und zugleich variabelsten Schwankung" auf $^{1}/_{7}$ bis $^{1}/_{20}$, und
Helmholtz veranschlagt diesen „constanten Fehler" auf $^{1}/_{30}$ bis
$^{1}/_{60}$; im Mittel auf $^{1}/_{40}$. — Wahrscheinlich ist, dafs nach einiger
Uebung und bei geschärfter Aufmerksamkeit, der Unterschied
noch sehr viel kleiner, wenn nicht ganz verschwindend, gefunden
werden würde.

Ein nach unseren Voraussetzungen bei flüchtigem Umherblicken
gewonnenes Bild eines Q u a d r a t e s müfste die Gestalt eines Tra-

---

[1] *Jahresber. des physikal. Vereins zu Frankfurt a. M.* 1854 55, S. 38.

pezes annehmen, dessen obere Parallelseite ein klein wenig gröfser ist, als die untere und dessen laterale Seiten folglich ein klein wenig schräg nach unten zusammenlaufen und mithin auch etwas länger sein würden, als die lothrechten Seiten eines richtig gezeichneten Quadrates.

Versuchen wir indessen den Ursprung dieser Täuschung noch in anderer Weise klar zu legen.

Wir wollen annehmen, es handle sich darum, einen rechten Winkel in zwei gleiche Winkel zu theilen, wie dies bei den Versuchen des vorhergehenden Abschnittes thatsächlich geschehen ist. Die beiden Schenkel des rechten Winkels sollen mit dem rechtwinkligen Coordinatenkreuz, sein Scheitelpunkt also mit dem Durchschnittspunkt der Coordinaten, zusammenfallen. Die obere Hälfte des getheilten Winkels heifse α^{I}, die untere Hälfte α^{II}. In Wirklichkeit ist also:

$$\alpha^{\mathrm{I}} = \alpha^{\mathrm{II}}.$$

Irgend ein Punkt in der theilenden Diagonale möge die Coordinaten x und y haben. — Daraus entsteht, bei jeder beliebigen Länge der Diagonale ein gleichseitiges Quadrat, in welchem sein mufs:

$$\text{tang. } \alpha^{\mathrm{I}} = \text{tang. } \alpha^{\mathrm{II}} = \frac{x}{y} = \frac{y}{x}.$$

Der Winkel α^{I} ist in Wirklichkeit $= 45^{\,0}$. — Der scheinbare Winkel α^{I} ist aber $= \alpha^{\mathrm{I}} + \varepsilon$. Auf Grund der VOLKMANN-schen Tabellen können wir sogar berechnen, dafs in diesem Falle das variable ε ungefähr $= 0{,}5^{\,0}$ sein wird. Demnach wäre der Winkel $\alpha^{\mathrm{I}} + \varepsilon$ ungefähr $= 45{,}5^{\,0}$, oder gleich 45 Grad 30 Minuten.

Offenbar ist nun (scheinbar):

$$\text{tang. } \alpha^{\mathrm{I}} > \text{tang. } \alpha^{\mathrm{II}} \text{ und also auch } x > y.$$

d. h. die Verticale ist scheinbar kleiner als die Horizontale.

Die Verticale mufs also — wenn der ungetheilte Winkel ($\alpha^{\mathrm{I}} + \alpha^{\mathrm{II}}$) als ein rechter und die ganze Figur als ein gleichseitiges Viereck anerkannt wird — für gröfser gehalten werden als sie ist, oder als sie sein würde, wenn eine scheinbare Vergröfserung des Winkels α^{I} und damit zugleich eine scheinbare Verkleinerung des Winkels α^{II} nicht stattfände.

Die entferntere Ursache des „constanten Fehlers" liegt also, auch in diesem Falle, in der Divergenz der verticalen Pseudo-parallelen.

Wir möchten zum Ueberflufs hier noch einmal darauf hinweisen, dafs, wenn Höhe und Basis eines gleichseitigen Quadrates von ungleicher Länge zu sein scheinen, die
Diagonale den Scheitelpunkt des gegenüberliegenden rechten
Winkels scheinbar eben auch nicht treffen kann, sondern nonius-
artig verschoben an ihm vorbei gehen mufs. Was von der
Diagonale gilt, gilt ebenso auch von jeder anderen schrägen Linie,
welche durch die obere und untere Horizontale des Quadrates
hindurchgeht, ohne im Quadrat selbst sichtbar zu sein. — Mithin lassen sich auch bei horizontaler Lage der Figur 1 dieselben Erscheinungen auf dieselben Grundgesetze zurückführen.
    4. Die Trapezformen. Eine andere Täuschung besteht
darin, dafs gewisse Trapezformen, ähnlich denen der Fig. 12 a u. c,
wenn sie absolut von gleicher Gröfse sind und genau lothrecht
über einander gestellt werden, von ungleicher Gröfse zu sein
scheinen.

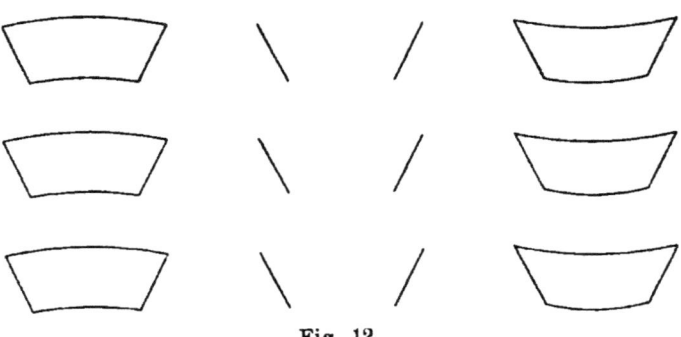

Fig. 12.

Offenbar sind die schrägen Seitenränder an diesen Figuren
Dasjenige was die Täuschung hervorruft. — Nehmen wir diese
Seitenränder weg, dann bleibt eine Anzahl abwechselnd längerer
und kürzerer, über einander gestellter horizontaler oder bogen-
förmiger Parallelstriche übrig, an denen nichts besonders Be-
merkenswerthes wahrzunehmen ist.
    Nehmen wir dagegen die parallelen Horizontalstriche fort,
dann bleibt eine Täuschungsfigur übrig, die wir bereits kennen
gelernt haben. (Fig. 7 c und e.)
    Diese Schrägstriche bilden — nach der vorausgesetzten
völligen Gleichheit und völlig genauen Uebereinanderordnung —
zwei streng-parallele verticale Reihen von Schrägstrichen,

die nach oben s c h e i n b a r convergiren oder divergiren je nachdem die Schrägstriche nach oben divergent oder convergent verlaufen, und bewirken dadurch das scheinbare Kleiner- oder Gröfserwerden der über einander gestellten gleichgrofsen Trapeze. — Bemerkenswerth ist, dafs die Täuschung sich leicht abschwächt, oder auch ganz verliert, wenn die Figuren nicht sehr regelmäfsig über einander geordnet sind.

Dieselbe Erscheinung in umgekehrter Anordnung zeigt sich an den beiden gröfseren Trapezen. Fig. 13.

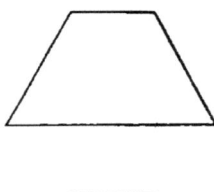
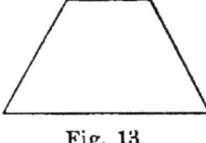

Fig. 13.

5. Eine a n d e r e T r a p e z - t ä u s c h u n g steht mit der obigen in voller Uebereinstimmung. — Die Täuschung besteht darin, dafs eine über der Figur angebrachte, ihrer oberen längeren Seite parallele und g l e i c h l a n g e Linie, k ü r z e r — eine der unteren kürzeren Seite des Trapezes unter ihr angebrachte parallele und gleichlange Linie, l ä n g e r erscheint als die ihr jedes Mal entsprechende, parallele Trapezseite. (Fig. 14.)

Denken wir uns wieder durch die Mitten der beiden Schrägseiten des Trapezes je eine senkrechte Linie — also zwei zu einander vollkommen parallele Linien — gezogen, die, weil jede von ihnen von einer Schräglinie durchkreuzt wird, welche an ihren Aufsenseiten nach oben — an ihren Innenseiten nach unten sich öffnende spitze Winkel bilden, n a c h oben zu c o n v e r g i r e n scheinen, dann mufs jede

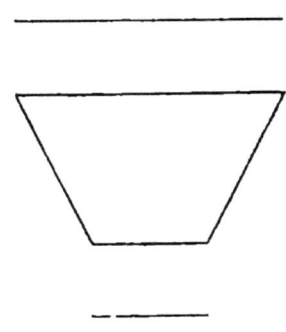

Fig. 14.

g l e i c h l a n g e h ö h e r liegende Linie, im Zusammenhange mit der Figur betrachtet, k l e i n e r, und jede g l e i c h l a n g e t i e f e r liegende Linie g r ö f s e r erscheinen als sie ist, und folglich auch größer, resp. kleiner, als die mit ihnen gleichlaufenden unteren, resp. oberen Parallelseiten des Trapezes.

6. Ein anderes, auf analoge Grundgesetze zurückzuführendes Beispiel wird von einigen Autoren als Täuschungsfigur angeführt. Diese Figur besteht aus einer Reihe gleichlanger, nach gleichem Radius gezogener und parallel über einander gelagerter Bogenstücke, wobei „ganz wie bei dem Zöllner'schen Muster" zwei, ihre sämmtlichen Endstücke mit einander verbindende verticale, nach oben scheinbar divergirende Parallellinien die Täuschung hervorrufen, daß „die Größe der Kreisbogen von unten nach oben sich stetig zu vergrößern scheint" (Wundt).

7. Es giebt im täglichen Leben noch eine Menge von Verhältnissen und Figuren, an denen, unter dem vorherrschenden Eindruck eines nach oben divergirenden Pseudoparallelismus, die höher gelegenen Theile größer erscheinen als die tiefer liegenden.

Wir wollen nur aus der Buchdruckerschrift einige Beispiele auswählen.

Der Buchstabe S aus der Antiquaschrift soll so aussehen als ob seine obere und seine untere Hälfte gleiche Form und gleiche Größe hätten. In Wirklichkeit ist aber Form und Größe verschieden; wäre dies nicht der Fall, dann würde die obere Hälfte größer zu sein scheinen als die untere. Die eine Hälfte wird deshalb k l e i n e r geschnitten als die andere, und diese kleinere Hälfte muß nach oben gerichtet sein. Steht die kleinere Hälfte nach unten, dann bemerkt jeder gute Corrector sogleich, daß der, übrigens vollkommen symmetrisch gebaute Buchstabe verkehrt steht, weil die unten stehende kleinere Hälfte gegen die, als obenstehend nun um so größer erscheinende, größere Hälfte verhältnißmäßig noch kleiner erscheint als sie in Wirklichkeit ist. Stellt man — wie es sein soll — die kleinere Hälfte nach oben, dann erscheinen beide Hälften in Form und Größe vollkommen gleich.

Aehnlich verhält es sich auch mit der Ziffer 8 und ähnlich — wiewohl in weniger auffallender Weise — mit den Buchstaben *B* und *K* und manchen anderen Dingen. Dieselbe Täuschung, mit Rücksicht auf die nach oben oder nach unten sich öffnenden Winkel, läßt sich auch an den Buchstaben *N* und *X* wahrnehmen.

Noch mehr Beispiele anzuführen wäre überflüssig.

8. Hinsichtlich der allgemeinhin sehr schwer zu beurtheilenden Winkelgröfse haben wir noch einige Bemerkungen nachzutragen.

HELMHOLTZ, der über das Gröfsererscheinen spitzer Winkel sich sehr vorsichtig ausdrückt [1], behauptet, dafs in jedem gleichschenkligen Dreieck, dessen dritte Seite horizontal gehalten wird, der Spitzenwinkel immer k l e i n e r erscheint als er ist. Diese Bemerkung erstreckt sich nach ihm auch auf das gleich s e i t i g e Dreieck, dessen drei Winkel bekanntlich gleich grofs (= 60 °) sind. Auch in dem g l e i c h s e i t i g e n Dreieck erscheint nach ihm der der horizontalen Basis jedesmal gegenüberliegende Winkel k l e i n e r als die beiden anderen Winkel.

9. In Uebereinstimmung hiermit lesen wir bei OPPEL [2] folgende Bemerkung:

„Dieselbe Augentäuschung zeigt sich bei der Construction von W i n k e l n und D r e i e c k e n. Ein Winkel von 93 ° ... so gezeichnet, dafs seine Halbirungslinie in verticaler Richtung verlaufen würde, wird von dem Auge unbefangener Betrachter willig als ein r e c h t e r W i n k e l anerkannt; — dreht man jetzt die Tafel (auf welcher die Figur gezeichnet ist) um eine Viertelswendung, so dafs die Oeffnung des Winkels nach rechts oder links, d. h. die (gedachte) Halbirungslinie horizontal zu liegen kommt, so erscheint der Winkel sofort als ein stumpfer. Dagegen läfst das Auge einen Winkel von ca. 87 ° in der letztbeschriebenen Lage unbedenklich als einen r e c h t e n gelten, während es ihn nach Umdrehung der Zeichnung um eine Viertelswendung sofort als einen spitzen erkennt. Umgekehrt: Verlangt man z. B. ein gleichschenkliges rechtwinkliges Dreieck mit horizontaler Basis, so wird die Mehrzahl der Schüler ein stumpfwinkliges (?) — soll dagegen die Basis aufrecht stehen, ein spitzwinkliges Dreieck zeichnen."

Nur das eine, von mir mit einem Fragezeichen versehene, Wort: „stumpfwinklig" stimmt nicht ganz mit HELMHOLTZ überein, oder scheint wenigstens mit ihm nicht ganz übereinzustimmen, denn HELMHOLTZ spricht nicht von r e c h t w i n k l i g e n Dreiecken, sondern nur von gleichseitigen Dreiecken (deren Winkel = 60 °) und von solchen gleichschenkligen Dreiecken,

---

[1] „Spitze Winkel erscheinen in der Regel verhältnifsmäfsig zu grofs."

[2] *Jahresber. des physikalischen Vereins zu Frankfurt a. M.* 1854/55, S. 39.

deren Spitzenwinkel kleiner ist als 60°. Es ist damit nicht ausdrücklich gesagt, dafs es sich ebenso verhalte bei Dreiecken deren Spitzenwinkel gröfser ist als 60°.

Abgesehen von dieser letzteren Differenz, deren endgültige Entscheidung wohl noch weiteren Versuchen anheimgegeben werden mufs, lassen sich die hier unter 8 und 9 angeführten Täuschungen ganz ungezwungen auf unsere divergirenden Pseudoparallellinien und auf die dadurch bedingte Winkelgröfsentäuschung zurückführen.

Man denke sich bei einem auf horizontaler Basis stehendem gleichseitigem Dreieck durch die Mitten der beiden gleichen Schenkel zwei senkrecht stehende Parallelen gelegt, dann erhalten wir ein neues Beispiel zu unserer Fig. 7 c u. e, woran wir sehen, dafs die beiden gleichen Schenkel wie Schrägstriche durch die Parallelen wirken, und diese scheinbar zu stärkerer Divergenz nöthigen; dadurch können auch die Schrägstriche — in unserem Falle also die beiden gleichen Dreiecksseiten — weniger convergent, der von ihnen eingeschlossene spitze Winkel also kleiner erscheinen als er ist.

Das Dreieck stellt sich hier einem Trapez gleich, dessen gröfsere Parallelseite als Basis dient und dessen gegenüberliegende kleinere Seite sich bis zum völligen Verschwinden verkleinert. Die Täuschung wird beim Dreieck um so stärker sein, je kleiner der Spitzenwinkel und wird, wenn dieser den (variablen) Werth 2ε erreicht hat — also bevor er noch = 0 geworden ist — die beiden Dreiecksseiten als p a r a l l e l erscheinen lassen. Andererseits wird die Täuschung abnehmen, je gröfser der Spitzenwinkel, und wird g ä n z l i c h verschwunden sein, b e v o r der Spitzenwinkel den Werth von 180° erreicht hat.

Nachträgliches.

Zum Schlufs noch einige nachträgliche Bemerkungen über Prüfungs-Methoden und über andere verwandte Gegenstände.

Die Prüfung geometrisch-optischer Täuschungen ist besonders deshalb so aufserordentlich schwierig, weil sie, innerhalb gewisser Grenzen, in Form und Stärke beständig schwanken und deshalb dem Beobachter keinen festen Halt für tadellos durchführbare Messung darbieten. Will man möglichst reine und allgemein

gültige Resultate erzielen, dann kommt es nicht auf lange Beobachtungsreihen an, aus denen mittlere Werthe berechnet
werden, es kommt vielmehr auf die Qualität des Beobachters
an. Der Beobachter mufs intelligent und mit guten Sinnen be-
gabt sein — das versteht sich von selbst; er mufs aber auch —
was noch wichtiger ist — völlig unbefangen sein, d. h. er
darf absolut keine Kenntnifs haben von der in Frage stehenden
Täuschung. Ein übrigens guter Beobachter kann schon nach
dem zweiten oder dritten Versuch unbrauchbar werden, wenn er
vielleicht selbst bemerkt, dafs er sich getäuscht hat und wenn er
sich nun bemüht seinen Irrthum zu verbessern. Wer die
Täuschung bereits kennt, der kann kaum anders als unzuver-
lässig urtheilen, weil er, schwankend zwischen der Furcht den
Fehler zu übertreiben und der Besorgnifs ihn allzu ängstlich zu
vermeiden, zu einer befriedigenden Entscheidung nicht kommen
kann.

Das beste Beobachter-Material hat wohl OPPEL gehabt, der
den geometrischen Zeichenunterricht — gewifs nicht zum Nach-
theil seiner Schüler — dazu benutzte um sich über das constante Vorkommen gewisser Unrichtigkeiten in den Zeichnungen
genauer zu informiren. Mit ihm beginnt eigentlich erst das
Studium dieser Täuschungen und durch ihn sind die meisten
und wichtigsten Täuschungsfiguren bereits bekannt geworden.
Es wäre, unseres Erachtens von grofsem Nutzen, wenn, bei Gelegenheit des geometrischen Zeichenunterrichtes, die beim Zeichnen regelmäfsig vorkommenden („constanten") Unrichtigkeiten
einer ganz besonders aufmerksamen Beachtung gewürdigt würden.
Nicht nur würden die Schüler sich frühzeitig an richtiges Sehen
und an Vermeidung solcher Fehler gewöhnen; es würde dadurch,
ohne allen Zweifel, auch über etwaige individuelle Disposition,
sowie allgemeinhin über die ursächlichen Momente solcher Fehler
ein neues und besseres Licht verbreitet werden.

————

VOLKMANN sagt (l. c. S. 213):
„Es würde meines Erachtens zu weit führen, die sämmtlichen Versuchsreihen mit Hülfe des bisher benutzten Experi-
mentalverfahrens zu wiederholen" .... „Weit zweckmäfsiger ist
unstreitig, durch Veränderung der Versuchsmethode neue An-
griffspunkte zu gewinnen und den unvermeidlichen Beobachtungs-
fehlern eine andere Richtung zu geben."

Wir sind nicht im Besitz des VOLKMANN'schen Versuchs-Apparates und haben unsere — allerdings nicht sehr zahlreichen — Prüfungen nach einer anderen, sehr einfachen, hinsichtlich der Genauigkeit aber vollbefriedigend genauen Methode ausgeführt:

Auf einem gewöhnlichen Zeichenbrett wird ein Bogen Papier befestigt und auf diesem Letzteren eine 30 oder 40 cm lange gerade Linie gezogen. Das Zeichenbrett wird so aufgestellt, daſs dessen Fläche mit der Gesichtsfläche des Beobachters ungefähr parallel, und der gezogene Strich genau lothrecht steht. Nun wird an irgend einer beliebigen Stelle, in der Nähe des unteren Endes der Linie, ein schwarzer Faden befestigt. — Der Beobachter hat alsdann das andere Ende des Fadens so zu richten, daſs ihm beide Linien (der schwarze Faden und der schwarze Strich) genau parallel neben einander zu liegen scheinen. Um aber die gestellte Aufgabe etwas zu erschweren d. h. um es dem Beobachter unmöglich zu machen, die gleichgroſse Entfernung an den äuſsersten Enden der beiden Linien nach Augenmaaſs mit einander zu vergleichen, wird der obere Theil beider Linien in geeigneter Weise durch ein Blatt Papier verdeckt, so daſs dem Beobachter nur ein verhältnifsmäſsig kleiner Theil (3 oder 4 cm oder je nach Befinden etwas mehr oder weniger) beider Linien zur Beobachtung frei bleibt. Der schwarze Faden der hinter oder unter dem bedeckenden Papierblatt hindurchgeht, muſs, stramm angezogen, vom Beobachter so lange hin und her bewegt werden, bis — seinem Augenmaaſs entsprechend — die richtige Parallelrichtung gefunden ist.

Bei diesem Versuche ergiebt sich, fast ohne Ausnahme, daſs, wenn das untere Ende des Fadens neben der rechten Seite der vertical gezogenen Linie befestigt war, der Faden oben nach rechts — und wenn er neben der linken Seite befestigt war, oben nach links von der parallelen Richtung abweicht. Bei der beträchtlichen Länge der beiden Schenkel kann der Abweichungswinkel mit mehr als befriedigender Genauigkeit gemessen oder berechnet werden.

Es bedarf keiner besonderen Erwähnung, daſs man dieselbe Prüfung auch bei jeder beliebigen Schrägstellung der, anfänglich lothrechten Linie, ebenso wie auch bei horizontaler Stellung, vornehmen kann. — Der Abweichungswinkel wird kleiner je mehr man sich der horizontalen Richtung nähert; er wird aber, bei hinreichend erschwertem Versuch, selten oder nur ausnahmsweise = 0. In der Mehrzahl der Versuchsfälle fand sich der verdeckte Versuchsfaden etwas gesenkt, und zwar, wenn der Faden in der Mitte, gerade vor dem Beobachter befestigt war und der Versuch n a c h r e c h t s h i n ausgeführt wurde, — nach rechts und unten, wenn er n a c h l i n k s h i n ausgeführt wurde — nach links und unten.

Dieses noch sehr primitive Versuchs-Verfahren würde sich leicht verbessern lassen, wenn an der Hinter- resp. Unterseite des Zeichenbrettes eine Vorrichtung angebracht würde, welche die unmittelbare Führung des Fadens durch die Hand ersetzt. Die Führung des Fadens könnte dadurch bequemer, und zugleich — durch den Wegfall des Orientirungsgefühls in der führenden Hand — erheblich unabhängiger gemacht werden.

VOLKMANN beschreibt das von ihm eingeschlagene Verfahren und das von ihm für seine Untersuchung benutzte Instrument mit folgenden Worten:

„An einer geraden, vor den Augen befindlichen senkrechten Wand sind zwei Drehscheiben so angebracht, dafs der Drehpunkt einer jeden in der optischen Axe des bezüglichen, auf die unendliche Ferne gerichteten Auges liegt. Auf jeder Scheibe ist eine feine Linie verzeichnet, welche das Centrum der Scheibe schneidet und also mit der Umdrehung dieser ihrer Lage ändert".

„Ich betrachte die auf den Scheiben befindlichen Linien (kurz: die Diameter) unter minimaler Convergenz der Augenaxen, sehe sie also in sehr wenig distanten Doppelbildern und verlange in der Erscheinung absoluten Parallelismus beider. Ich bemühe mich, während ich die eine Scheibe unberührt lasse, diesen Parallelismus durch Umdrehung der anderen Scheibe herzustellen."

Alles binoculäre Sehen müssen wir uns vorstellen als zusammengesetzt aus zwei, etwas von einander verschiedenen Bildern, von denen das eine dem rechten, das andere dem linken Auge angehört. Allerdings verschmelzen diese beiden Bilder zu einem z w e i e i n i g e n Gesammtbilde, in welchem jedes einzelne Bild als solches nicht mehr unterscheidbar ist; immerhin aber doch so, dafs jedes seine Eigenthümlichkeit zu behaupten sucht, und bis zu gewissem Grade zu behaupten vermag. — Innerhalb

der strengen Grenzen des centralen Sehens ist von einer Selbstständigkeit der beiden Bilder Nichts zu bemerken; jenseits dieser
Grenzen — also, da wo das excentrische Sehen beginnt — beginnt sogleich auch die Disjunction des Gesammtbildes. Die
Selbstständigkeit des rechten und linken Auges tritt deutlicher
und stärker hervor; an den Grenzen des centralen Sehens beginnt eine gerade Linie sich gabelförmig zu spalten. Wir bemerken dies freilich nicht immer sogleich und auch nicht ganz
leicht, weil — wie früher schon einmal gesagt wurde — bei der Beweglichkeit unserer Augen, jede excentrische Stelle des Sehens, in
jedem kleinsten Zeitmoment, sogleich wieder zur Centralstelle des
Sehens gemacht werden kann. Aus der mosaikartigen Zu-
sammensetzung unzähliger centraler Bildpunkte entsteht dann
erst der Totaleindruck eines einzigen grofsen centralgesehenen
Bildes, in welchem alle etwaigen Ungleichmäfsigkeiten excen-
trischer Neben-Beobachtung verwischt sind.

In der Medianlinie, wenn der betrachtete (körperliche)
Gegenstand vom jedem der beiden Augen gleich weit entfernt ist, zeigt sich das binoculäre Sehen am regelmäfsigsten
und vollkommensten. Liegt der (körperliche) Gegenstand weiter
nach rechts, dann sieht das linke Auge — liegt er weiter nach
links, dann sieht das rechte Auge etwas mehr von dem was das
andere Auge n i c h t sieht. — In der Ebene erscheint der Zwischenraum zweier Parallellinien dem rechten Auge etwas weniger breit
als dem linken, wenn dieser Gegenstand von der Mitte aus weiter
nach links verschoben wird, und etwas breiter, wenn er nach
rechts verschoben wird; — und umgekehrt. Die Verschiedenheit
der beiden Augenbilder wird im Allgemeinen gröfser, je weiter
der Gegenstand sich von der Mittellinie entfernt. Wir dürfen
aber nicht übersehen, dafs diese Verschiedenheit — wenn auch
in kaum bemerklicher Weise — schon in nächster Nähe neben
der Median-Ebene anfängt und in grofser Nähe beträchtlicher
ist als in weiter Ferne.

Jedes unserer beiden Augen hat — wie wir anzunehmen
nicht gut umhin können — seinen eigenen kugelförmigen Ho-
ropter [1], dessen Mittelpunkt in dem Drehpunkte des Auges
liegt. — Eine in der Median-Ebene des Körpers gelegene verticale

---

[1] Richtiger wäre vielleicht, die Netzhautform in der macula lutea als
ellipsoide Rotationsfläche gelten zu lassen.

Linie entspricht einem Horopter-Meridian in jedem der beiden Augen; aber der rechte Horopter-Meridian kann mit dem linken Horopter-Meridian nur auf eine begrenzte Stelle vollständig verschmelzen; ein wenig höher und ein wenig niedriger, gehen die beiden Bilder gekreuzt, als selbstständige dem linken und dem rechten Auge angehörige Meridiane, wieder aus einander, wenn nicht die Blickrichtung und Blickbewegung dem Verschmelzungsbilde (unwillkürlich) so rasch nachfolgt, dafs man die Kreuzung gar nicht wahrnehmen kann.

Man kann sich von der Verschiedenheit der Einzel-Empfindung beider Augen durch folgenden sehr einfachen Versuch leicht überzeugen.

Wenn man einen Punkt fest fixirt und dabei in rascher Folge, bald das e i n e, bald das a n d e r e Auge verschliefst, dann scheint der fixirte Punkt sich in homokinetischer Richtung mit dem Verschlufs zu bewegen: Der Punkt entweicht nach rechts, wenn das rechte, und nach links, wenn das. linke Auge verschlossen wird. — Macht man denselben Versuch an einem verticalen Strich, oder, noch besser, an einem weiter entfernten verticalen Gegenstande wie z. B. an einer Telegraphenstange, oder an einem einzeln stehenden, hohen Fabrikschornstein, oder auch nur an der verticalen Begrenzungslinie eines Hauses, dann bemerkt man sehr deutlich eine abwechselnde Schrägstellung der verticalen Linie: das obere Ende entweicht nach links, wenn das linke — und entweicht nach rechts, wenn das rechte Auge geschlossen wird. Die Erscheinung gleicht vollkommen einer im umgekehrten Sinne (nach oben) schwingenden Pendelbewegung, wobei der unbewegliche Drehpunkt der Schwingung u n t e r dem Horizonte liegt.

In gleicher Weise kann man sich auch von dem scheinbaren Schwanken einer h o r i z o n t a l e n Linie überzeugen. — Verfolgt man, bei ebendemselben Versuche, die scheinbare Bewegung einer h o r i z o n t a l gerichteten Linie, dann bemerkt man, dafs beim Verschlufs des rechten Auges das linke — und beim Verschlufs des linken Auges das rechte Ende der betrachteten Linie, sich über das horizontale Niveau ein wenig erhebt, während das andere Ende sich dementsprechend ein wenig senkt.

Dieses sehr merkwürdige Verhalten, worüber spätere Untersuchungen uns gewifs noch näheren Aufschlufs geben werden, ist sehr geeignet uns von dem S c h r ä g s c h e i n e n einer loth-

rechten Linie zu überzeugen, und giebt uns zugleich einen un-
verkennbaren Hinweis auf die Entstehung scheinbarer Divergenz
verticalstehender paralleler Linien. — Versetzen wir die verticale
Linie aus der Medianebene weiter nach links oder weiter nach
rechts, dann wird damit zugleich das rechte oder das linke Auge
beim binoculären Sehact dominirend und die dem entsprechenden
Auge angehörige Schrägheit des verticalen Meridians tritt mehr
oder weniger deutlich in die Erscheinung.

Bei allen hierhergehörigen sogen. Täuschungen kann von
einer fehlerhaften Function unserer Sinnesorgane nicht die Rede
sein; vielmehr ist immer anzunehmen, dafs die Täuschung durch
ungenügende Aufmerksamkeit, oder — wenn man lieber will —
durch unrichtiges Verständnifs der Sinneseindrücke zu Stande
kommt. — Die Täuschung ist da, aber sie ist nicht zu jeder
Zeit und nicht für Jedermann in gleichem Grade da; sie ist aber
da für Jeden, der — wenn auch nur zeitenweise — unaufmerksam ist, oder von dem Verständnifs seiner Sinneseindrücke zeit-
weise keinen richtigen Gebrauch macht.

In einem solchen Zustande ungenügender Aufmerksamkeit
befinden sich gewifs die meisten Menschen, wenn sie auf das
Couvert eines adressirten Briefes eine Briefmarke aufkleben! —
Im Allgemeinen darf man wohl annehmen, dafs ordnungsliebende
Menschen stets die Absicht haben, die Marke winkelrecht an
richtiger Stelle aufzukleben. Da aber die Sache selbst ungemein
gleichgültig ist, so wird schwerlich Jemand viel Zeit und Mühe
darauf verwenden; man wird im Allgemeinen sich ziemlich gleichgültig und unaufmerksam dabei verhalten. — Und was sagt die Erfahrung? — Ich habe eine grofse Anzahl von Briefadressen, hinsichtlich des richtigen Standes der aufgeklebten Briefmarke, anfänglich sehr genau nachgemessen, späterhin nur schätzungsweise
geprüft, und habe gefunden, dafs unter 4 oder 5 Adressen kaum
e i n e sich findet, an der die Marke ganz untadelhaft winkelrecht aufgeklebt ist. Besonders merkwürdig ist aber, dafs, mit seltenen Ausnahmen, die s c h i e f aufgeklebten Briefmarken oben nach r e c h t s
s c h i e f stehen. Sehr selten — unter 20 Adressen kaum einmal
— findet sich in der oberen rechten Ecke eine l i n k s s c h i e f
eingeklebte Marke. Wäre es postvorschriftlich erlaubt, die Post-
marken in die obere linke Ecke zu kleben, dann würden — ich
zweifle nicht daran — die Mehrzahl der Briefmarken l i n k s -
s c h i e f eingeklebt werden. — Ausgeschlossen von der Prüfung

wurden solche Adressen, deren Briefmarken total verkehrt oder horizontal oder anderweitig falsch aufgeklebt waren, in der Voraussetzung, dafs in solchem Falle die Absicht r e g e l r e c h t aufzukleben gar nicht vorhanden war.

Ein Zusammenhang mit der Steilschrift oder Schrägschrift der zugehörigen Adressanten war in den uns vorliegenden Exemplaren entschieden nicht nachweisbar; vielleicht steht aber die unschöne S c h r ä g s c h r i f t, die man aus den Schulen zu verbannen in neuerer Zeit eifrigst bemüht ist, in physiologischem Zusammenhange mit der Schrägstellung des verticalen Meridians. — Auch die nicht selten vorkommende kleine Unart: beim Schreiben die Zeilen gegen das Ende zu weit aufwärts zu führen, gehört unstreitig hierher.

Ob diese Anomalie auch bei solchen Schriftarten vorkommt, die von rechts nach links, oder von oben nach unten verlaufen, ist mir unbekannt.

(*Eingegangen am 31. Januar 1899.*)

Druck von Lippert & Co. (G. Pätz'sche Buchdr.). Naumburg a S.